谨将本书献给我的父亲和母亲，因为有了他们的基因，
才有我创造这些图形的能力。

玛莎·巴特菲德
Martha Bartfeld

目录

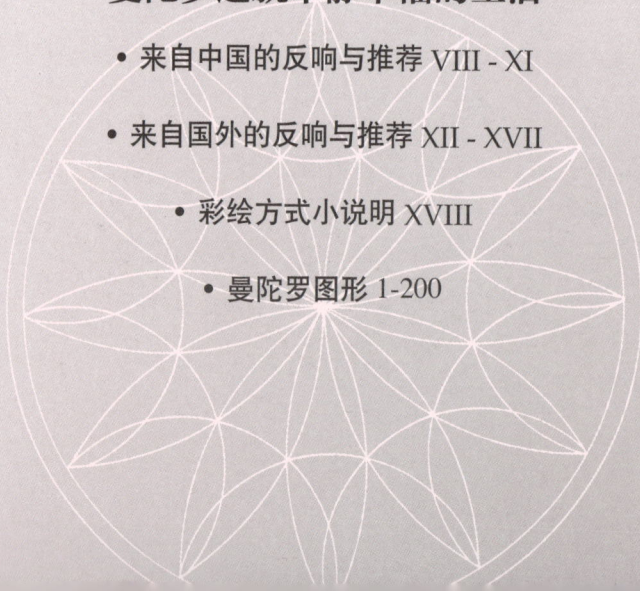

推荐词

神奇的曼陀罗图案有利于积聚你的正能量。它曾经帮助伟大的心理学家荣格，走出和导师弗洛伊德分手后的多年阴霾，相信它也能帮助你生活得更好。很多书擅长提出问题，但真正有利于解决心理问题并具有良好操作性的书太少。本书的最大长处，是它放下了繁琐的理论和玄妙的说教，教给你如何沉静下来，拿起彩笔，有效地和自己的潜意识对话，舒缓压力，逐渐走上良性循环的心路历程。此法则简单易行，行之有效。持之以恒，有利身心。

——毕淑敏

编者序
曼陀罗激发全新生命力

自2011年玛莎·巴特菲德的曼陀罗彩绘书（当时书名为《五分钟曼陀罗彩绘减压》）出版发行以来，我们收到来自全国各地读者的诸多好评和来信反馈。在这些来信与好评中，我们感受到彩绘曼陀罗给大家的生活带来的惊喜与改变。

无论是对于提高儿童的专注力和动手能力，还是舒缓每个现代人的压力、营造一个平衡自在的内心世界，甚至在缤纷绚烂的色彩和无限流变的图形中燃起对生活全新的激情与活力，这些无一例外都在证明着曼陀罗的神奇与不朽魅力。

鉴于此，我们再版了《神奇的曼陀罗》，并且，应读者对曼陀罗深入了解与探寻的要求，我们在书中精心增加了专业导读文章，增加您对曼陀罗的理解，以便更有效地在涂绘曼陀罗的过程中达到身心合一，轻松愉悦。

本书内文采用厚实、易于着色的140克纯木浆胶版纸印刷，而且在套封中我们附赠有"曼陀罗希望分享卡"，读者可以剪下来随身携带，愿您时刻保持正能量！

感谢您长期以来对我们的真诚支持，期盼本书的再版能为更多的读者生活注入舒缓、解压的清泉，帮助更多的朋友实现自我放松与提升，让您与心爱的家人、朋友分享生活中更多愉悦美好的时光！

打开本书，拿起铅笔，沉淀心情，您将获得以下神奇的体验：

1. 稳定情绪，缓解焦虑，增强抗压力。
2. 提升专注力，创造力和 EQ。
3. 充分开发脑思维。

编者谨识
2013 年 3 月

作者序
曼陀罗让我们的灵魂得到安顿

　　"曼陀罗"是梵语的音译，它的本意是"圆形"或"中心"。它主要以圆形或方形为主，圆形代表宇宙，方形代表地球与人类世界。在东方印度佛教徒及西方牧师与巫师的眼中，曼陀罗图形可作为一种心灵治疗工具——对着曼陀罗图形沉思或者给它着色，可以帮助我们和缓释放混乱的心灵、排解压力、平衡身心。

　　曼陀罗的治疗效果会随着使用时间的加长而加深。研究结果表明，这些类似雪花、花朵、海星、海胆及公羊角的几何图形所反映出来的永恒思想，存在于世界各民族的智慧之中——无论是在亚特兰提斯、赖莫瑞亚，或是以后的埃及、伊斯兰、凯尔特、日本、印度、欧洲及美国原住民文化中都可见其踪影。

　　所以，曼陀罗的神奇几何图形可以说是一种大众的语言，使我们能够了解被遗忘的古老智慧，且仍能与我们的灵魂及梦境相依。与这些智慧接触，能使我们了解其他世界的生命及次元，并经由此等讯息获得治疗。

　　此外，这些几何图形可以增强我们塑造自己未来的能力，并且加速我们的进步。它唤醒我们在出生前灵魂细部记忆的洞察力，而觉醒的记忆将有助于我们了解今后所需学习的课程，从而使我们的灵魂得到安顿。

　　所以，人们将借由思考曼陀罗而领略到前所未有的放松体验——就像开始耕种纯净的农田及流动运行的诗篇一样，有条理的设计就像它们通过中心点，并且赶上万物的节奏。

　　本书中的每个曼陀罗，都是以中心点为基准建构的几何图形，并借着特殊的

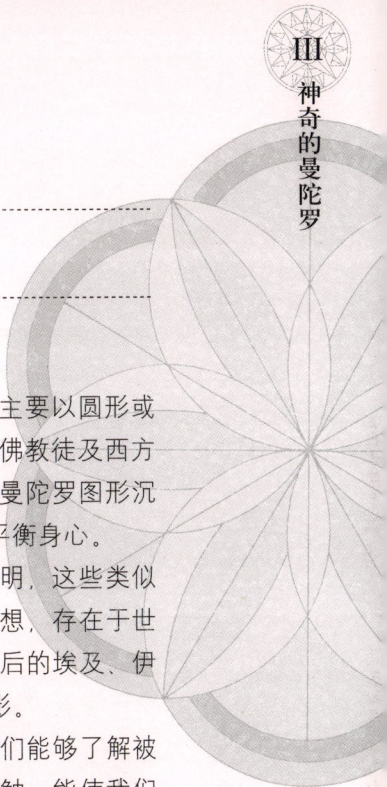

形状搭配，体现人类衡量地球的需求。

　　在彩绘曼陀罗之前，请先将你的左手放在图形的上方，闭上眼睛，保持此姿势几秒钟，你会很快在头脑中产生有关能量、运行、想法及温暖的印象。假如没有这种现象发生，也没关系，并不是所有的曼陀罗都会马上对你产生讯息。假如没有立刻对你产生讯息，记住你所使用的颜色，它们仍会激发出你的潜能。

　　一位精神导师告诉我，他有一位学生在彩绘其所选择的某一曼陀罗时，得到对她而言很重要的治疗讯息；几天后，她仍选择同一个图案，但这次使用了不同的彩绘颜色，从而发现并解决了困扰她的另一个问题。由此，他发现不同的彩绘颜色，可以获得不同的治疗效果。

　　彩绘曼陀罗时，必须注意使用彩色铅笔或蜡笔，因为彩色水笔墨水量大，可能造成纸张湿透，而模糊不清。

　　我把这本书推荐给任何年龄的成人，尤其是退休老人及病人，以及医生、律师、精神治疗师及按摩师。它对孩童也有同样的作用，能减少孩童的焦虑次数，特别适用于孩子无聊、旅行或行为被限制时。本书亦适用于自闭、过动或有学习障碍的孩子们。此外，曼陀罗图案本身也可用在设计理念中，例如有色玻璃、珠宝、瓦片、被子、纺织品、织景画及刺青等设计图形，堪称一体多用。

　　我希望这些曼陀罗能带给您更多放松与雀跃的快乐时光！

玛莎·巴特菲德 谨识
1999 年

作者简介
玛莎·巴特菲德
Martha Bartfeld

1916 年出生于美国纽约，1937 年于纽约航特学院取得化学学士学位，其后取得心灵学硕士学位。于 1968 年以天赋及兴趣创作 200 个曼陀罗图形，自 1994 年公开，自 1998 年起，共出版五集。此外，玛莎·巴特菲德也接受顾客委托制作个人曼陀罗，并撰写如何创造曼陀罗图形之教学手册，就此成为畅销书曼陀罗彩绘书作家，90 岁高龄仍创作不辍，于 2010 年宁静辞世。

专业导读

曼陀罗造就平静幸福的生活

　　曼陀罗的意象处处呈现于自然与人文风土之中：宇宙星球、细胞、树木年轮、矿物结晶、水波、花朵、建筑、舞蹈、绘画……去过西藏的人们一定见过那种外圆内方一层套着一层的图案，在唐卡中、墙上或是岩洞中，它们色彩绚烂、曼妙多姿，带着某种神秘、无法抗拒的力量向我们涌来，那么曼陀罗与我们的身心有怎样的联系？彩绘曼陀罗究竟有怎样的神奇之处？在本书当中，我们将要和读者一起开启彩绘曼陀罗的神秘之旅。

一、什么是曼陀罗？

　　藏传佛教术语曼陀罗或称满达、曼扎、曼达，是梵文Mandala 的音译。意译为坛场，以轮圆具足或＂聚集＂为本意。指一切圣贤、一切功德的聚集之处。供曼陀罗是积聚福德与智慧最圆满而巧妙的方法，以曼陀罗的形式来供养整个宇宙，是很多方法中最快速，最简单，最圆满的。

　　曼陀罗是僧人和藏民日常修习秘法时的＂心中宇宙图＂，一般是以圆形或正方形为主，相当对称，有中心点。自古以来曼陀罗一直被藏族人民当作沉思、冥想的工具，能让日常生活中逐渐失序的心灵获得统证，回归平静。密宗的僧侣们还相信人类的思想、精神、情感都可以还原为图像，通过图像训练反过来可以控制人的思维、精神、情感。在经过长时间的训练后，他们就可以看到我们常人无法看到的图像并以此预知未来。

各种星耀在宇宙中运行形成的轨迹，呈现出一个巨大的曼陀罗图形，因而，曼陀罗也被僧人和藏民们称为＂心中宇宙图＂。

这是一个曼陀罗图形，两组三角形叠加给人"通向无限"的视觉印象，外部的圆形象征圆满，整体图案意即"自由、永恒、圆满的境界"。

二、曼陀罗与我们的身心有怎样的联系？

近年来曼陀罗冥想法备受重视，西方心理学家荣格在研究人们自发性描绘曼陀罗之余，也发现曼陀罗对现代人的心灵发展与自我实现都具有特殊的意义。荣格认为，圆象征人的心灵追求圆满的需要，追求一个自由永恒的境界，象征着人追求统一、和谐与完美。

随着现代心理学的发展，人们发现色彩丰富的曼陀罗不仅可以培养视觉影像能力，更对激活右脑照相记忆有很大的帮助，儿童接触曼陀罗可以提升观察、记忆等能力。因此，在开发右脑的游戏中，有一种就是"曼陀罗图形记忆游戏"，对儿童视觉影像能力、观察能力、记忆能力有十分明显的提升。

三、彩绘曼陀罗的神奇之处

沉思及彩绘曼陀罗，有助于和缓释放混乱的心灵，并造就平静与放松的生活。一开始也许你不知道自己要画什么，但最后，你还是画出来了，而且，出乎你以及所有人的意料。就像我们其实并不知道那些真正能满足我们的事物是什么，而当我们去探索，就会发现我们真正的梦想，并且让它成真。这就是曼陀罗的神奇之处。

你完全不必担心你不会画画，因为这不是艺术技能深造的课程。你只需信手涂鸦，打开内心，拿起画笔，在平静状态中进入潜意识绘制你的心灵。它能够开启隐藏的内在心理状态，让我们开放心灵以接纳无条件的爱带来的疗愈。

定期进行曼陀罗心灵彩绘可有效改善身心状况，展现思路全貌、提升创意质量；它可以让直觉性的体悟，以及内在的智慧，以具体的方式（也就是指形状和颜色）带进现实世界。曼陀罗彩绘，让我们自在地着上自己喜爱的色彩，可以平衡左右脑，提升创造力，也能缓解压力，激发想象力。

另外，您可以和孩子们一起彩绘，从小训练孩子的手脑协调能力、平衡左右脑的发展。透过视觉表现，曼陀罗彩绘可直接传递人的感情、创造智慧、扩展人际关系、治疗精神疾病等各个层面。

四、关于本书的介绍

在本书中，玛莎·巴特菲德（Martha Bartfeld）创作的 200 个原创曼陀罗图形，都是环绕中心点建构的几何图形，并伴有特殊的形状搭配，以此展现人类衡量地球的需求。

我们可以按照以下几个步骤进行曼陀罗彩绘：

1. 在彩绘曼陀罗之前，我们可以选择一处理想的环境，准备好画笔，也可以适当放点轻音乐，让内心放松和平静；

2. 接下来听凭自己的感觉挥动画笔在曼陀罗图形上着色和画圆。彩绘的部分应该不只局限在圆内，也可以延伸到之外的空间创意绘制；

3. 把你的所思所想都倾注在你在画的图形中，直到你认为"完成了"才能停下来；

4. 为你的彩绘曼陀罗拟一个名字，仔细观察，努力找出它的内涵。

经过上述的步骤，我们在这个过程中大脑所进行的思维活动全体现在这幅曼陀罗图形上，我们就可以通过解读它而获得潜意识信息。

彩绘曼陀罗让我们以积极的方式揭示内在的秘密，帮助我们从挫折与创伤中复原，不断地重复此仪式，在生活中持续成长与修补，让我们更趋于自我完整的形态。

-------- 来自中国的反响与推荐 --------

"几何图形纵然是一成不变的，而彩绘正能量赋予其以额外的拓展，有时这些缤纷的色彩、舞动的线条，修饰的不仅仅是纸面上的一个有机图形，更是参与者自身漫漠的灵魂、空无的记忆。"

——读者 WYZ

"那些从内心深处所衍生出来的美好意象，太多太多的人，想把它们一笔就涂写到纸页上去。有些藏匿在梦境中的精灵，也唯有画笔才能够将它们捕捉立定。"

——读者 ze

"作为大城市中的蚁族，我们终日奔波，甚少停下脚步好好审视自己。有朝一日，我们拿出拼命攒下来的积蓄，终于拥有了房子，拥有了家庭，却可能忍不住在午夜梦回时问自己：'我还是原来的那个我吗？'如果你也有这样的疑问，那就打开这本书，花上一些时间，静静地在曼陀罗的图案当中，找回自我吧。"

——读者 L

"这本曼陀罗彩绘的奇妙之处在于，它不罗列大道理忽悠你，也不站着说话不腰疼地大讲'鸡汤'类故事，它只是给你一个空间，让你轻松地观照你自己。你的喜怒哀乐，一切的情绪都能通过笔下的色彩展现出来。的确，还有谁能比你自己更了解自己？"

——读者 自我的游戏

"这样一本只需动动手就可以缓解压力的书籍真的是很神奇。现在，我把它作为丰富宝宝想象力的绘画本的同时，又当作自己缓解疲劳的工具。一家人聚在一起，调皮的宝宝居然没有大吵大闹，皆大欢喜，真的很不容易。不信的话，你也不妨试一试！"

——读者 娇俏妈

"晚上，窝在床上左手拿着书，右手拿着画笔，看着宝宝熟睡的面孔。不知不觉间竟然开始填充颜色，看着形状各异的色块在自己的手中诞生，浮躁的心情竟然慢慢沉淀下来，白天的种种烦恼竟然渐渐离去，内心闲适而又宁静，整个人都轻松了好多，整个过程颇为神奇。"

——读者 瞅瞅妈妈

"片刻之后，笔尖停止了滑动，沉思，彩色的线条图在赋予画笔与纸张生命的同时，也将我的想象呈现在眼前，给予我视觉与精神上的双重享受。而这一切又都源于我的内心。疲倦的内心再次燃起了奋斗的星星之火，身心的闲适是我这一刻最大的享受。没想到一支笔一页纸竟然有这样神奇的疗效！"

——读者 笑微微小姐

"这一张在别人看来杂乱无章的图画却饱含了我内心的无限遐想与源源不断的动力。似乎在那一瞬间明白了，为什么好多不可能的元素都转化为有利的分子，在悄然间聚集着，瞬间转化为支撑我前进的动力。"

——读者 动感超人

"脑海中浮现了好多小时候的回忆，已经不记得上次使用彩色铅笔是什么时候了，拿起铅笔的同时有股莫名的感动，好多纠结的心理突然豁然开朗，很多难理顺的东西都归结到原点，一切都成为新的开始。细细的笔尖在白纸上滑动着，不同的颜色呈现在自己的笔下，突然感觉自己也有潜在的画家天赋哦！"

——读者 小松

"亲身体会了一下玛莎·巴特菲德的曼陀罗彩绘书，非常惊喜地发现这本书比较适合送给小孩子，因为画的过程是一个全新的创作过程，对人的智力、想象力、创造力的培养是非常有益的。对那些正在发育成长阶段的儿童来说，这些东西都是非常重要的。"

——读者 妈咪宝贝

"随着笔尖划出的轨迹，可以感受到意识流动的脉络，感受到思维自由翱翔的愉悦，感受到简单纯真的轻松，感受到能量的积聚涌动，感受到呼吸的平缓安宁，感受到开放、融通、沉淀、豁然……"

——读者 Carena

"这是一本可以让你恣意挥洒的书。用绘画挑战想象力极限，用曼陀罗安抚心灵，这本书两者都做得很好。"

——读者 阿放大

"怎么能更快速地踢飞乌云，见到风和日丽呢？不同的人会采取不同的方式吧：有人会通过哭泣或痛饮来释放郁闷；有人会借助外界工具，比如打篮球、开车、放风筝等方式来排解；而有些人会通过直面自己的内心世界，找到问题的根源，这些方法包括冥想、瑜伽等。而彩绘曼陀罗，就属于第三种。"

——读者 六剑客

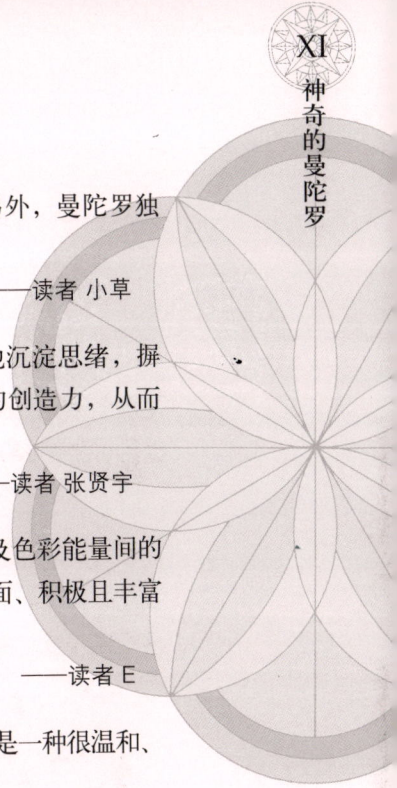

"兴趣是最好的老师。这么多漂亮的图画，很能吸引小朋友。另外，曼陀罗独特的特质，能很好地锻炼小朋友集中注意力。"

——读者 小草

"彩绘曼陀罗，从选择图案、决定色彩、着色的过程，能有效地沉淀思绪，摒除杂念而提升专注力；并在凝视图形与涂绘动作中，开启潜意识中的创造力，从而以不同的色彩配置提高个人专属的创造潜能。"

——读者 张贤宇

"'曼陀罗'是古印度的梵语，曼陀罗中所呈现出的图形、颜色及色彩能量间的互动关系，可以帮助我们分清更深层的自我内在世界，进而找出更正面、积极且丰富的人生方向。"

——读者 E

"生活很沉重，心灵需要调适，而玛莎·巴特菲德的曼陀罗彩绘书就是一种很温和、便捷的调适方式。"

——读者 天天兄弟

"这本书让人相信'控制'这回事的能量。你可以不讲章法地发泄自己的心情，画的东西袒露你的一些表现着波动的情绪，因为每个人对世界的表达最终不过是以自己为圆心画的那个圆。"

——读者 郁闷帝

---------------------------- 来自国外的反响与推荐 ----------------------------

Coalition of Visionary Retailers
1999 Visionary Award

Presented To:
MARTHA BARTFELD
Blessingway Books Co-op
Runner Up - Self Help Book
for
Magic Mandala

荣获COVR VISIONARY AWARD
美国远见梦想奖 1999年度最佳自我提升书

"这本书很神奇，曼陀罗是一种纯粹的以普通方式创作的放射几何图形，但它却能表达四维空间，甚至能将天地万物反映出来。"

——José Argüelles, Author of Mandalas（曼陀罗作家）

"我向以下人群推荐此书：家有小孩的父母亲、渴望探寻真实内心世界以及想要不断提升自我的人。"

——Reverend William Rainen, Cofounder of the Universal Life Alliance.（宇宙灵气联盟会长）

"美与智慧在这本书中得到了尽情地体现，曼陀罗唤醒了我们反观真实内心感受的勇气，对其进行彩绘时，你将会感受到它们在对你诉说爱及万物之尽善尽美。"

——Cindy Oriente, Reiki Master（灵气大师）

"我六岁的女儿很喜欢这本书，她愿意花很多时间认真地给每个曼陀罗图形上色，并且骄傲地展示，这是她最喜欢的一本书。"

——Elaine Bontempo, Reiki Master and Healer（灵气治疗大师）

"翻开这本书，请抛开你的想法，静静地感受曼陀罗图案，它们将会打开你记忆的阀门，让你看到不同的自己，然后你会发现自己有所改变。"

——Edward Rice, Multidimensional Healer（综合治疗师）

"世界上所有对心灵治疗有帮助的细微事物在这本书上都出现了，它们直达您的灵魂，唤醒您体内的能量，并带领您深入了解事情之整体性。"

——Jason Taylor Morgan, Multidimensional Spiritualist

"对于那些渴望提升自我、向往美好世界的人而言，本书有绝对的贡献。"

——Mignon Lawless, PHD.（博士）

"玛莎·巴特菲德的曼陀罗彩绘书帮助我们找到失落一世纪的真理。几何图形曾被先知们用来引导和启发人们，而玛莎·巴特菲德也正试图通过曼陀罗带领人们接触这项讯息。当人们看到这些神奇的图形时，讯息将会产生，它们会给人们带来全新的感受，并帮助人们改变自我。"

——Sister Arlene Einwalter（修女）

"玛莎·巴特菲德的曼陀罗彩绘书对医学界有很大的参考价值，尤其对职业疗法、复原疗法及社会福利事业部门来说更是如此。这本书对有心理障碍的成年人来说是放松身心的驿站。另外，它对外伤患者、慢性病患、自闭者、过动儿及情绪不佳者，亦能提供很大的帮助。"

——Karen Sigel, MD, Internist（内科医师）

"我母亲患有老年痴呆症，她利用所有清醒的时间彩绘这本书。让人惊喜的是，她比以前对生活更充满期待与希望。"

——Ann Katz

"每翻过一页，玛莎·巴特菲德的曼陀罗彩绘书都显示出了它的神奇治疗力量。彩绘曼陀罗，让我们进入几何图形世界，获得松弛状态并释放个人心灵感受，这些唤醒我们记忆与能量、促进人类发展的神奇几何图形不得不让我们惊叹——无论是花朵、雪片，还是身体细胞或DNA构造，原来我们生存的世界都是由它们互相交织搭配而成的。精神治疗医生、心灵医师借助它们疗愈病人疾病，但事实上它们不仅仅限于这方面的病人。根据作者的观点，曼陀罗甚至能帮助人们抵抗潜在的疾病，防止疾病的产生，我们可以称它为维他命M。"

——Ellen Kleiner, Editor（编辑）

"这是一本值得注意的书，彩绘曼陀罗是一种安眠、放松及快乐的旅程。这个过程能够让我们自身的情绪很自然地反应，让我们变得更加有智慧。在晚上，彩绘这些曼陀罗，让我拥有舒适的睡眠，有时也会做一些有意义的梦。"

——Elizabeth Upton Longmire, Author of Secrets of a Nun（《修女的秘密》作者）

"这不是一本普通的彩绘书，它给我提供了心灵、身体及灵魂的深层治疗原料。玛莎·巴特菲德的曼陀罗彩绘书是一本给予成人及儿童，以及启发教化心灵深处的书。我常常用它来训练智障孩童的知觉，它是一本结合视觉、动觉观点并能改善学习力和创造力的优秀工具。从这些充满和睦气息的完美几何图形中，我获得了生命中简明、安宁的力量。"

——Douglas S.Johnson, Reviewer, The New Times（The New Times 评论家）

"宾州大学癌症中心极力推荐玛莎·巴特菲德的曼陀罗彩绘书，此书的设计理念被使用于宾州大学癌症中心计划中。"

——Gianna Volpe, Director（主任）

"这是纯粹的诗篇，不能用语言形容！这本书能让人获得特殊的右脑体验。它能带领您进入其他次元空间，感受到世界万物的博大与完整。在给曼陀罗着色时，对其他次元的感受将会一直刺激着您身体中的每个细胞。"

——Barbara J.D.Kimbro

"这本书虽然主要被推荐到精神疗养院、心灵诊所等地方，事实上，它适合于每个团体。曼陀罗帮助彩绘者自我寻求治疗能量。作者告诉我们，在这个世界上，这些神奇的几何图形拥有唤醒人们细部记忆及加速人类发展的力量，所有的好处都在这本彩绘书里。"

——Matthew Gilbert, Editor, Napra Review（Napra Review 编辑）

"这本书带给您全新的体验。也许人们没有办法对生命作更深入的了解，但是彩绘这些曼陀罗确实可以放松我们一整天紧张的心情。"

——Nature Health Magazine（《天然健康杂志》）

"这本书是一个非凡的诊疗工具，它能帮助人们进行自我疗愈及自我提升。选择曼陀罗图形，思考着色方案，能够让彩绘者清醒地面对自我的潜意识。深入了解现实问题、深度治疗以及深度放松，是这本书对读者最大的好处。它适用于成人、孩童以及与个人成长相关的活动。"

——Karen Crane, Reviewer, New Age Retailer（评论家）

"我在医院急诊室上班，我通常要和同事们通宵工作。在忙到清晨五点时，每当病人只是等候检查报告时，我们会花点时间彩绘曼陀罗，它是极好的慰藉，让我们更加清醒和专注。"

——Vivien Newbold, MD.（急诊室医生）

"我是一位在洛杉矶工作的电视制作人，当我为剧情烦恼时，我会拿出玛莎·巴特菲德的曼陀罗彩绘书进行彩绘。它能让我冷静下来，帮助我更好地思考和理清复杂的剧情。有时候，我会对自己所绘的色调感到沮丧，但是我会原谅自己，并勇敢地继续彩绘下一张，渴望得到好的成果。在拥有这本书以后，我发现我克服了过分的苛求与恐慌，并能更好地处理我的工作及生活，因此，非常感谢这本书的创作者。"

——Lynne Litt

　　"学校巴士发生车祸后（在圣大菲的一条陡斜山路，三辆载满小孩的学校巴士发生车祸，造成两死及多名儿童受伤），部分孩子因为心灵受创而无法上课。教师们借助这本书，指导孩子们对这些曼陀罗图形进行彩绘。现在，这些曼陀罗就展示在学校里，希望作者能来看看，并给予一些指导。"

——Anhara Lovato,Art Therapist（艺术治疗师）

　　"我拥有这本书已有一些时间，但我无法用语言形容关于这本神奇的几何图形对心灵觉醒及其治疗力量的功效。这200个图形充满神圣的使命，能带领您到达生命的崭新阶段。作为一个心灵学者，我非常欣赏这些美丽的作品，也建议您继续使用它们。这是一本关于多次元现象的书，能让人们在创作时寻找真理，并在每个瞬间，经由精神感应传达，不断地引领自我。这本有200个图形的曼陀罗书，是一本伟大的书，希望借由本书，能使每一个人的生活更健康、更美好！"

——William Donald Schulz-"Starchild"

彩绘方式小说明

- 请先选择一个图形。
- 将你的左手放在图形的上方。
- 深呼吸，闭上你的眼睛，沉淀心情。
- 慢慢感觉是否产生了"能量、运行的想法及温暖的印象"。
- 拿起彩色铅笔，开始彩绘吧。

祝您拥有轻松、愉悦的彩绘时光！

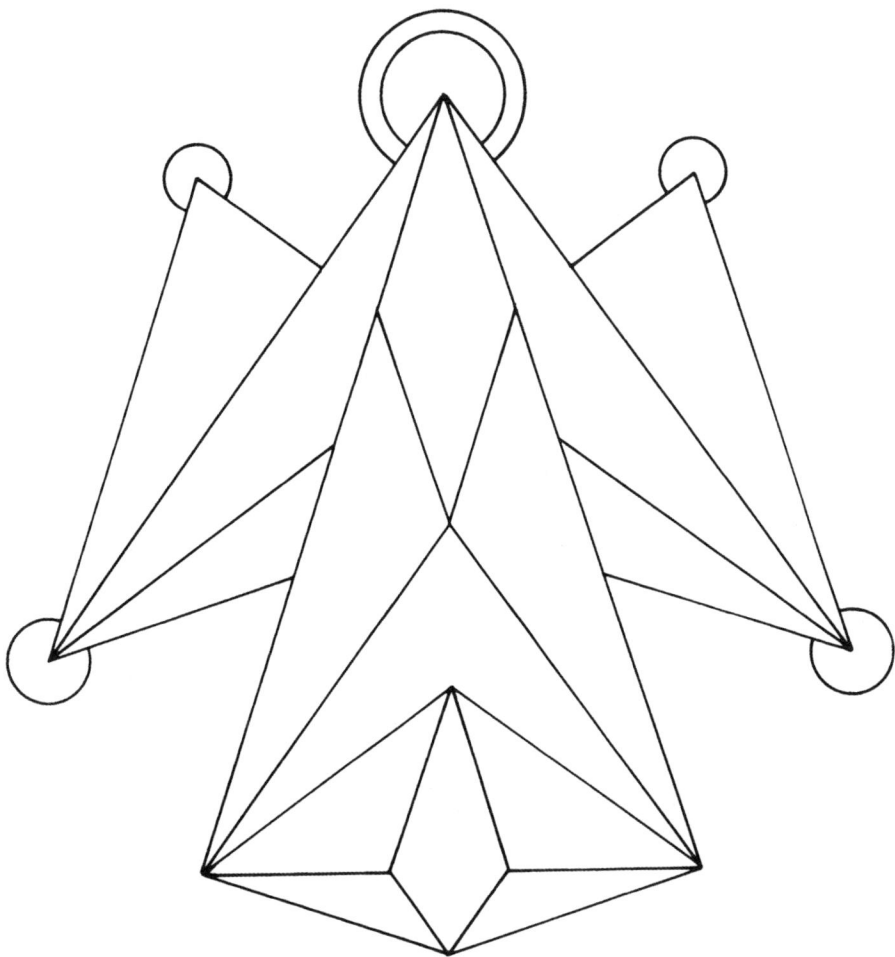

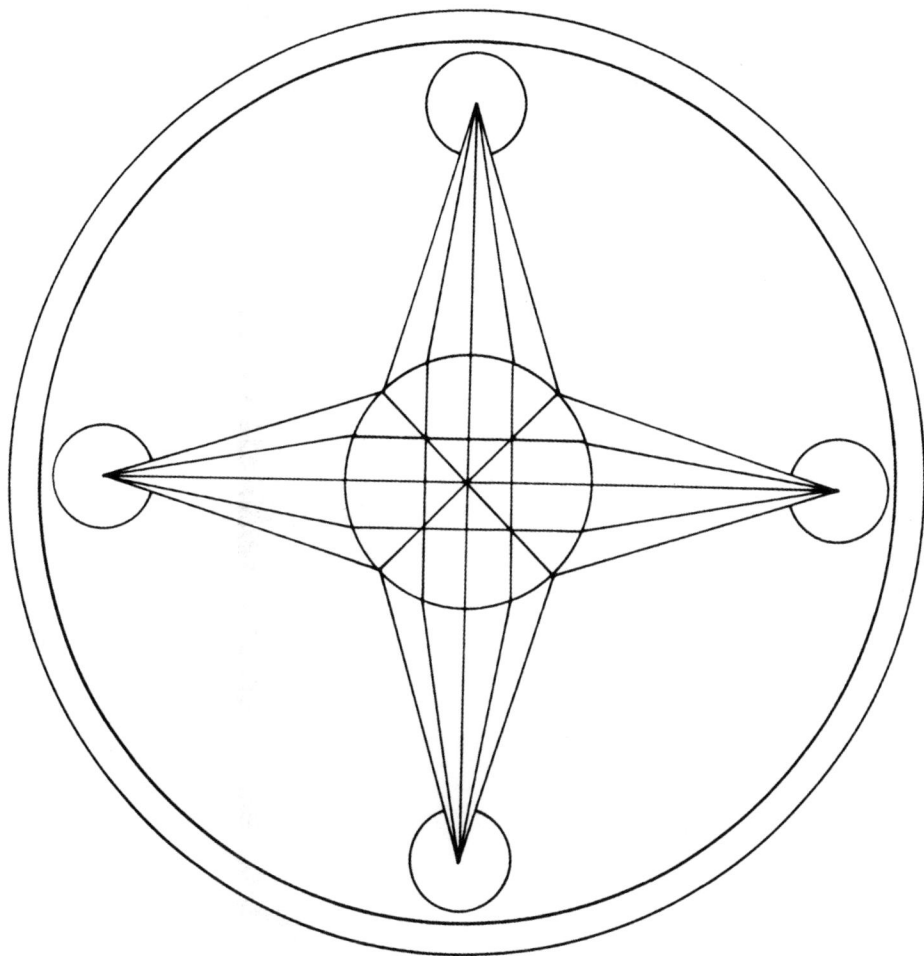

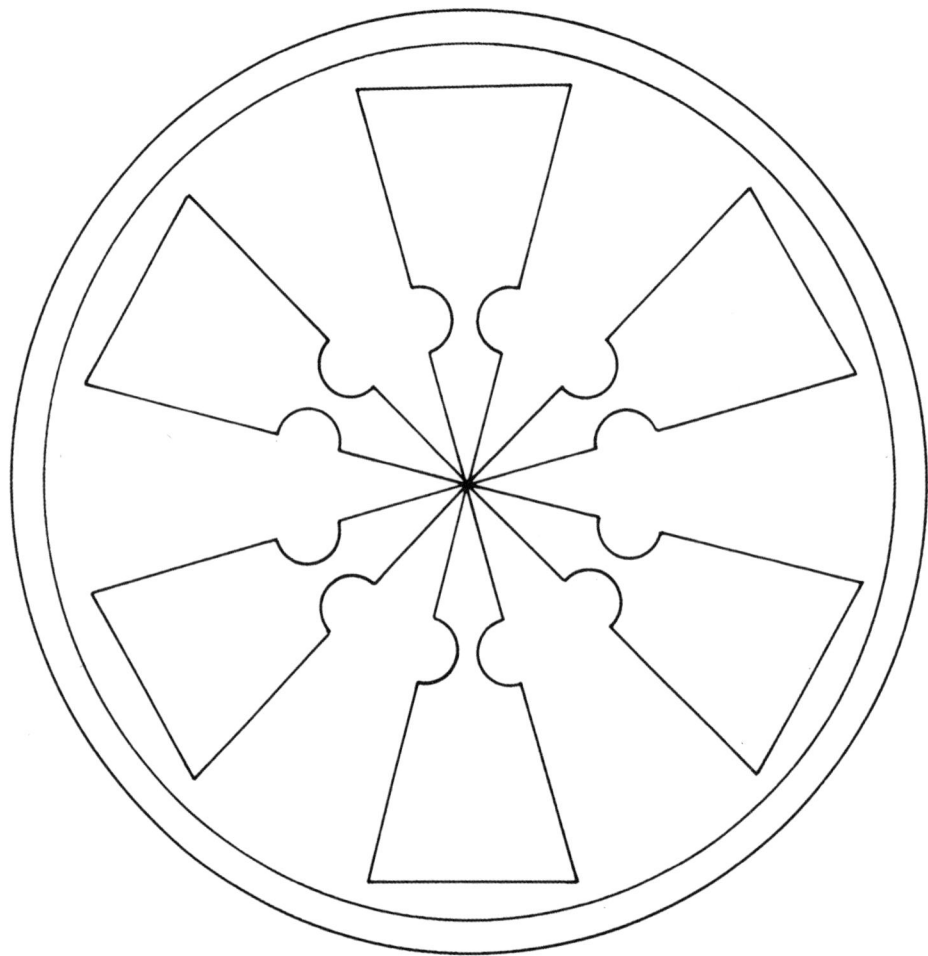

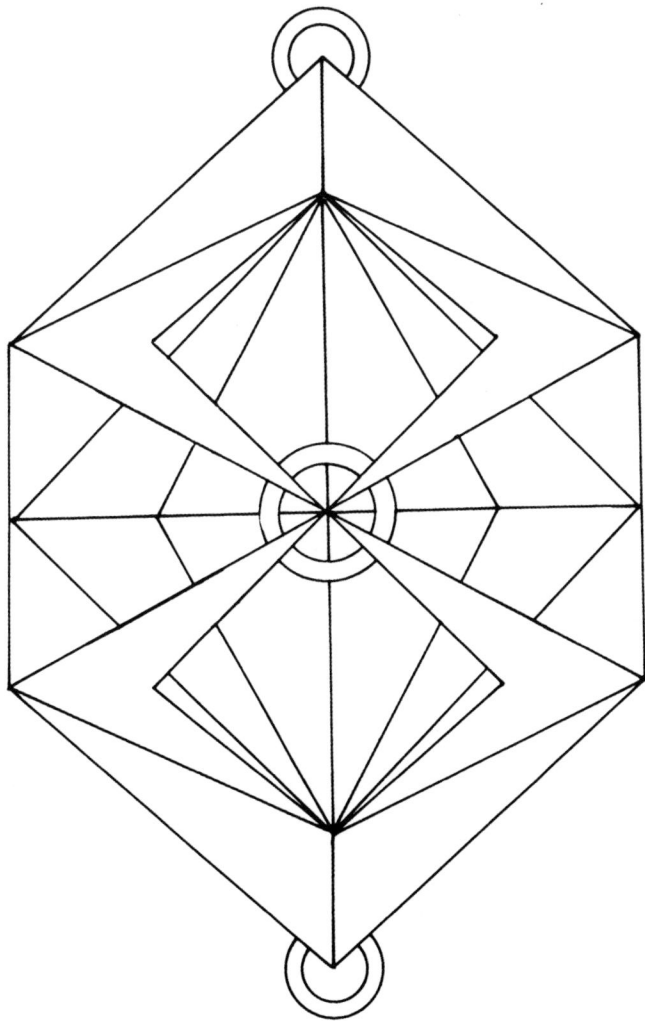

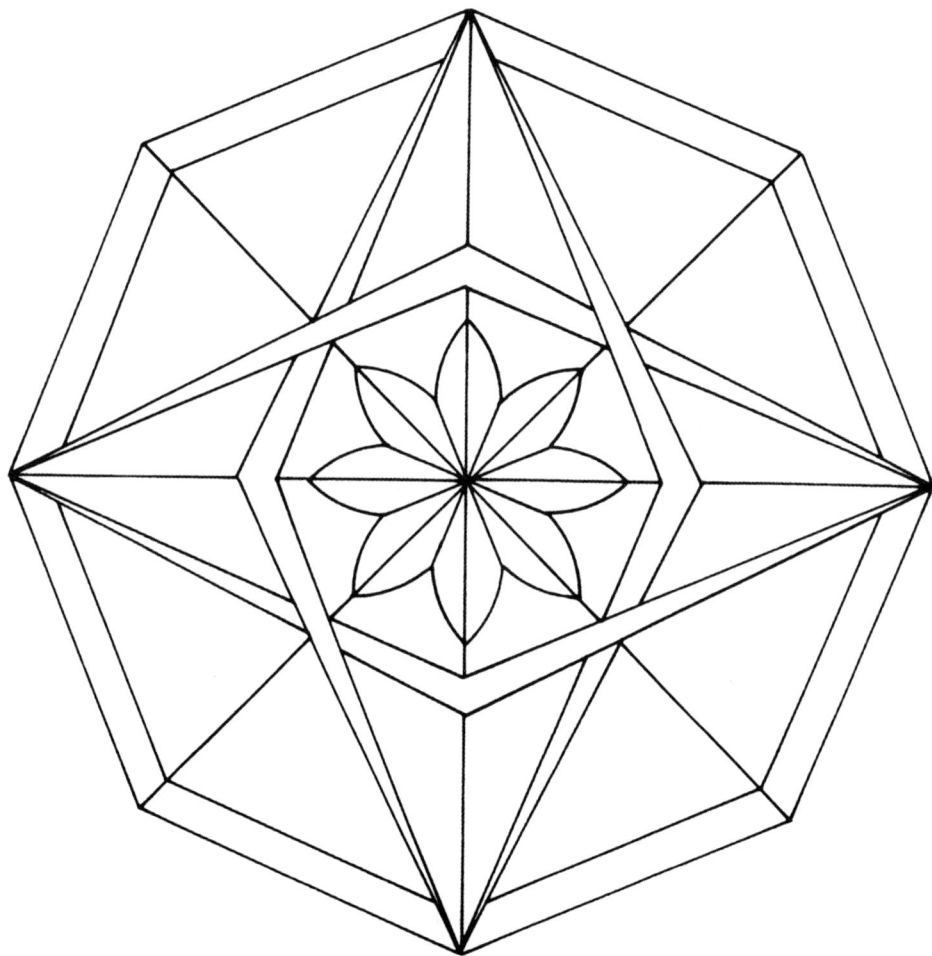

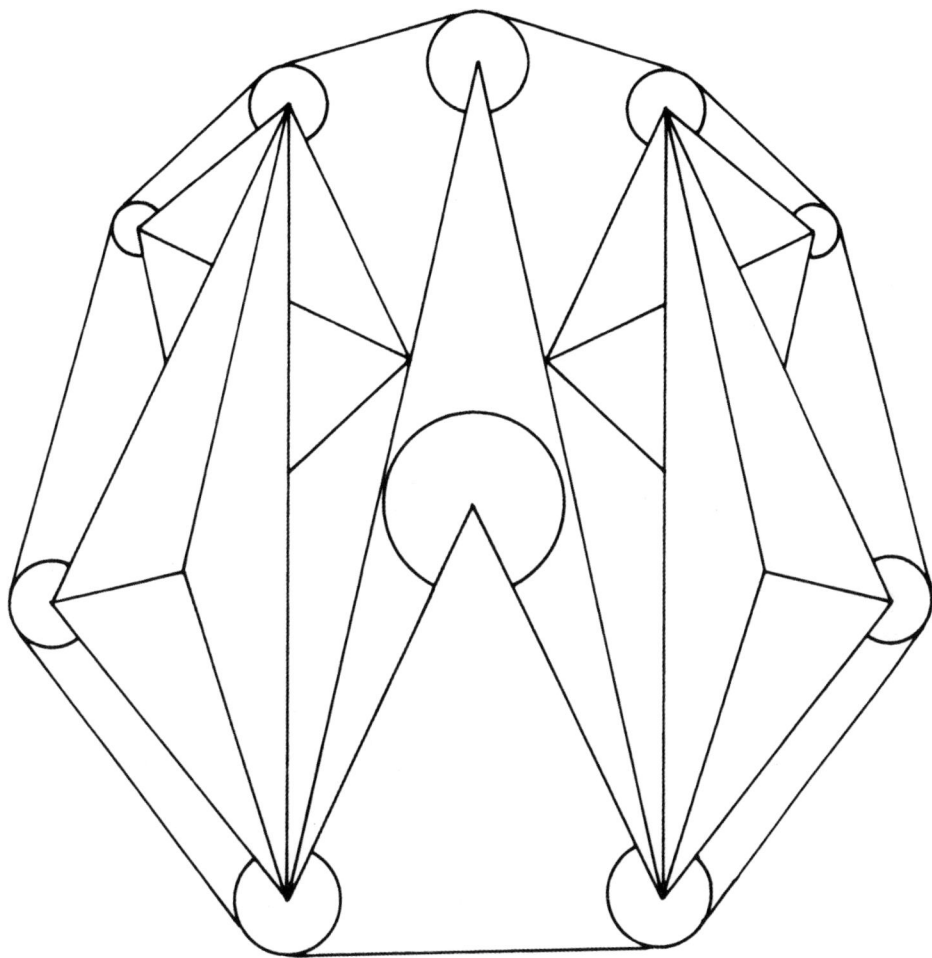

神奇的曼陀罗

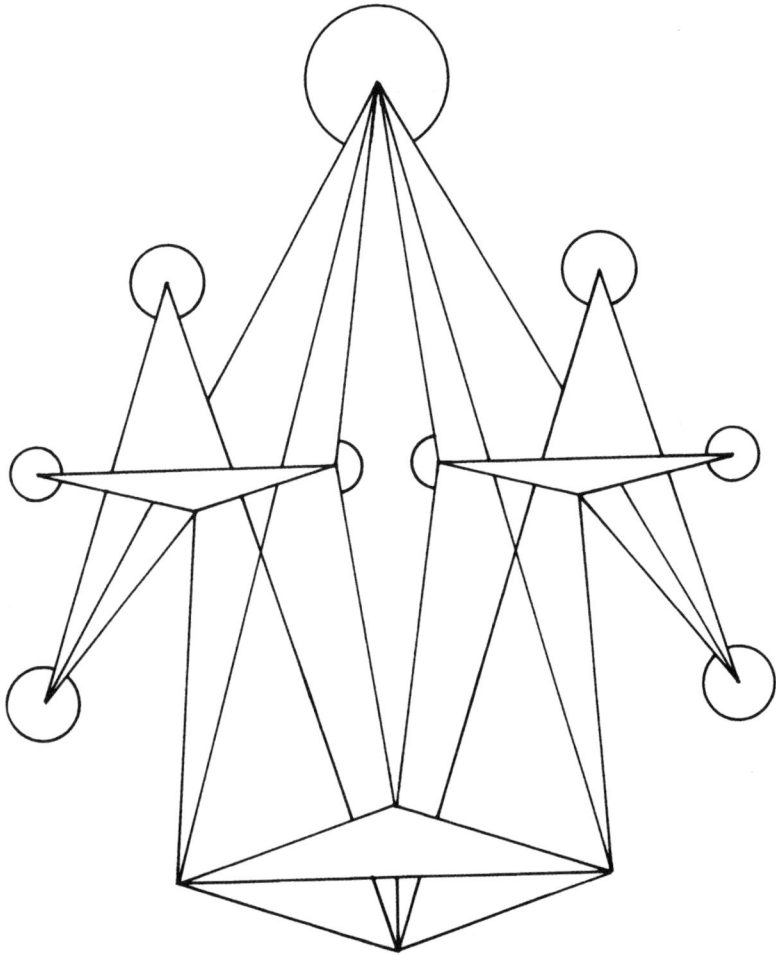

神
奇
的
曼
陀
罗

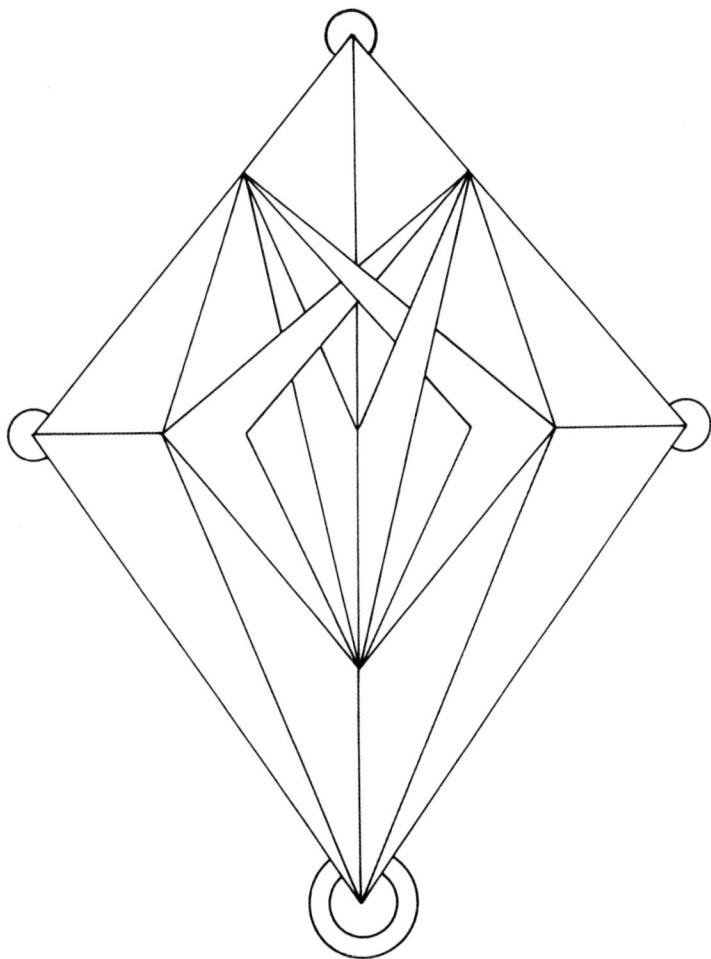

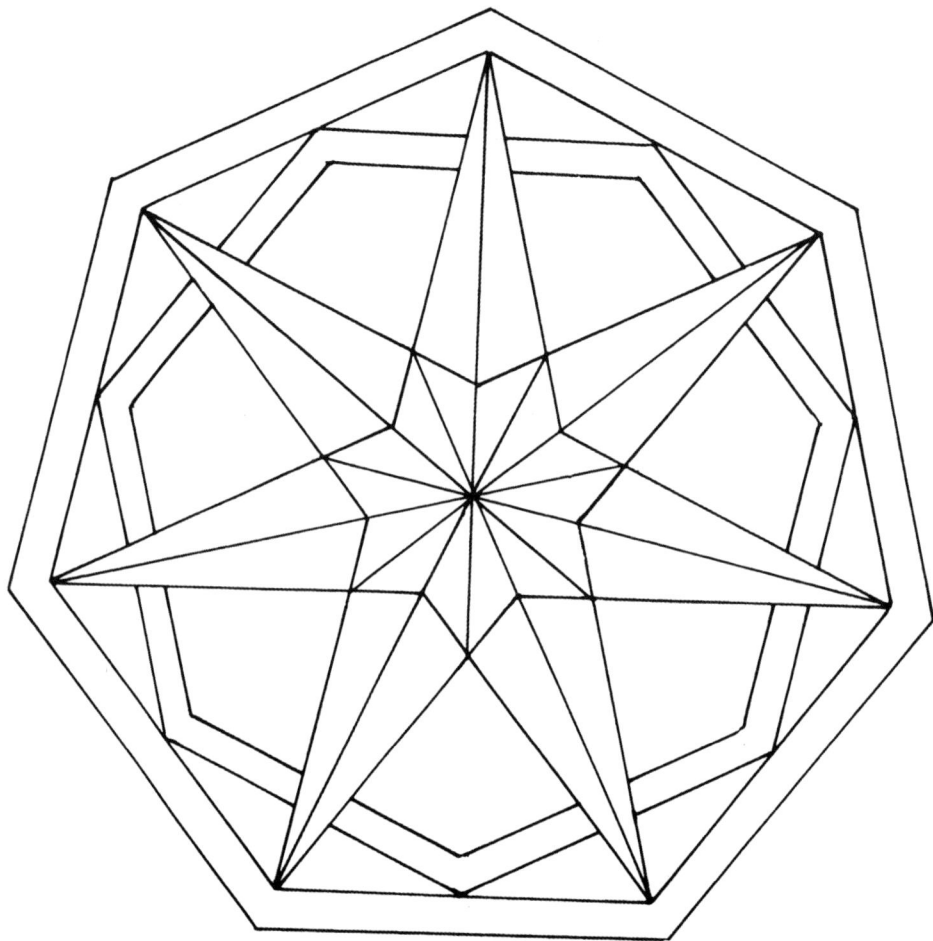

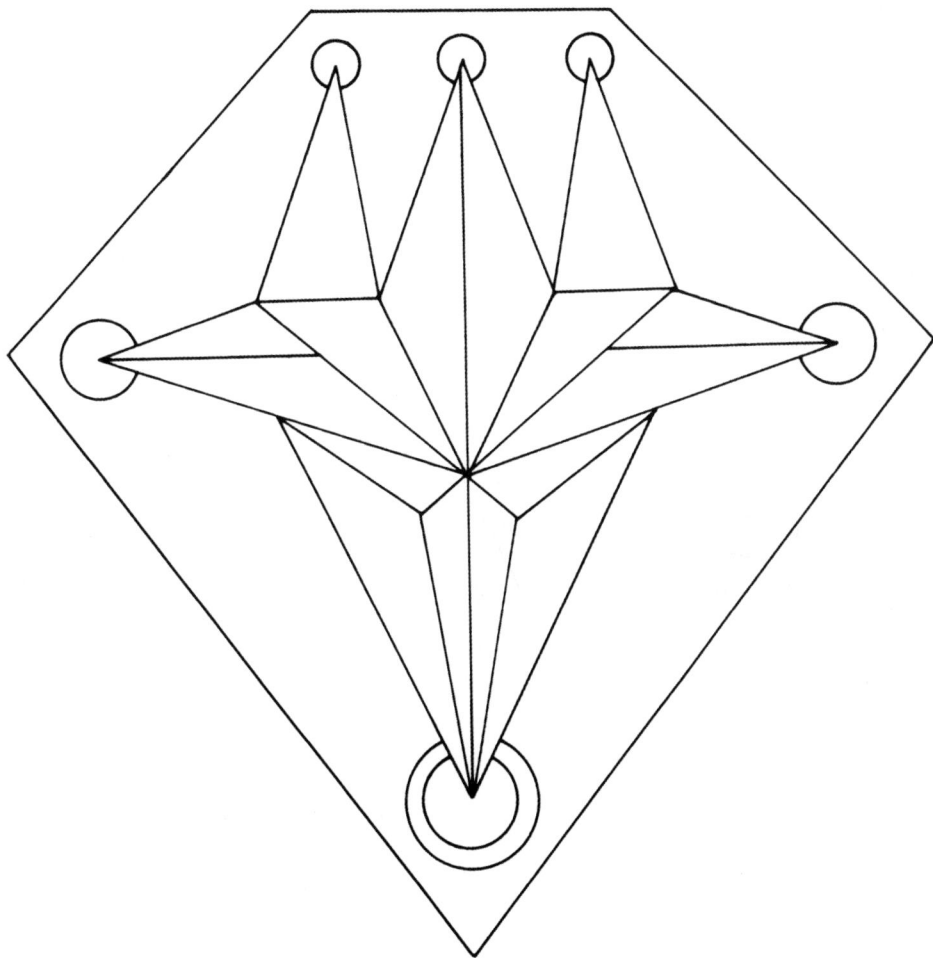

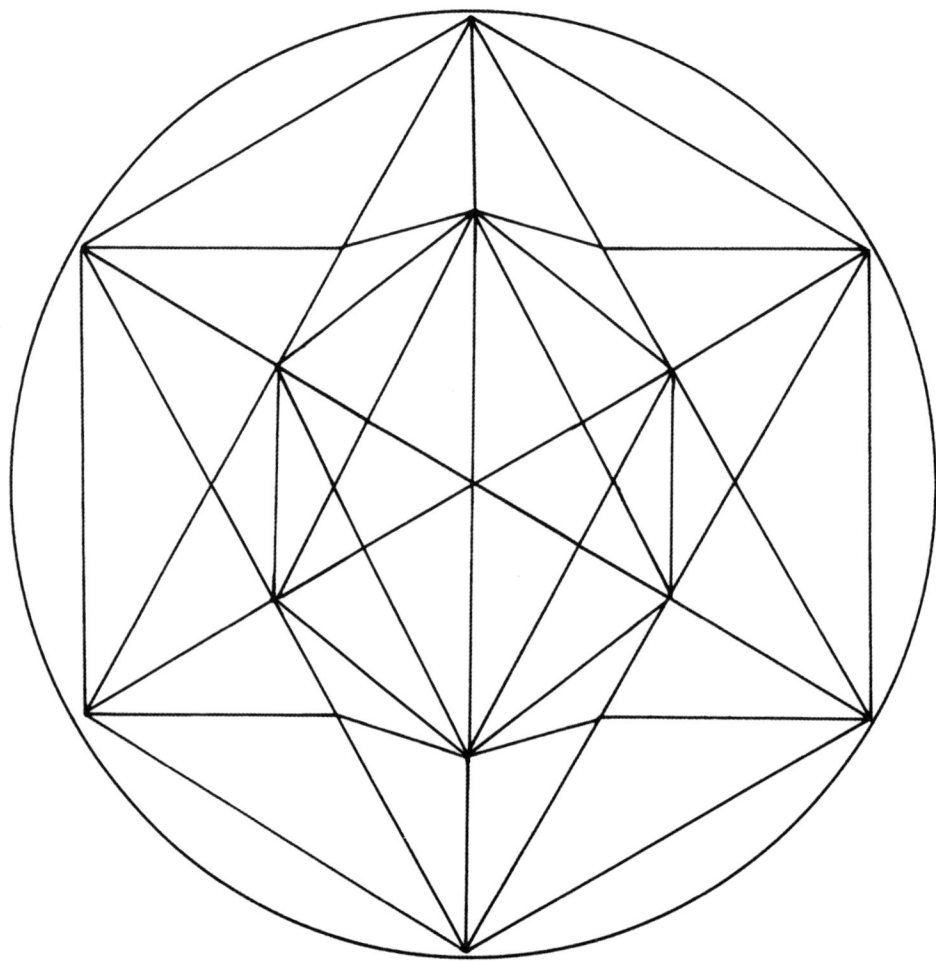

神奇的曼陀罗

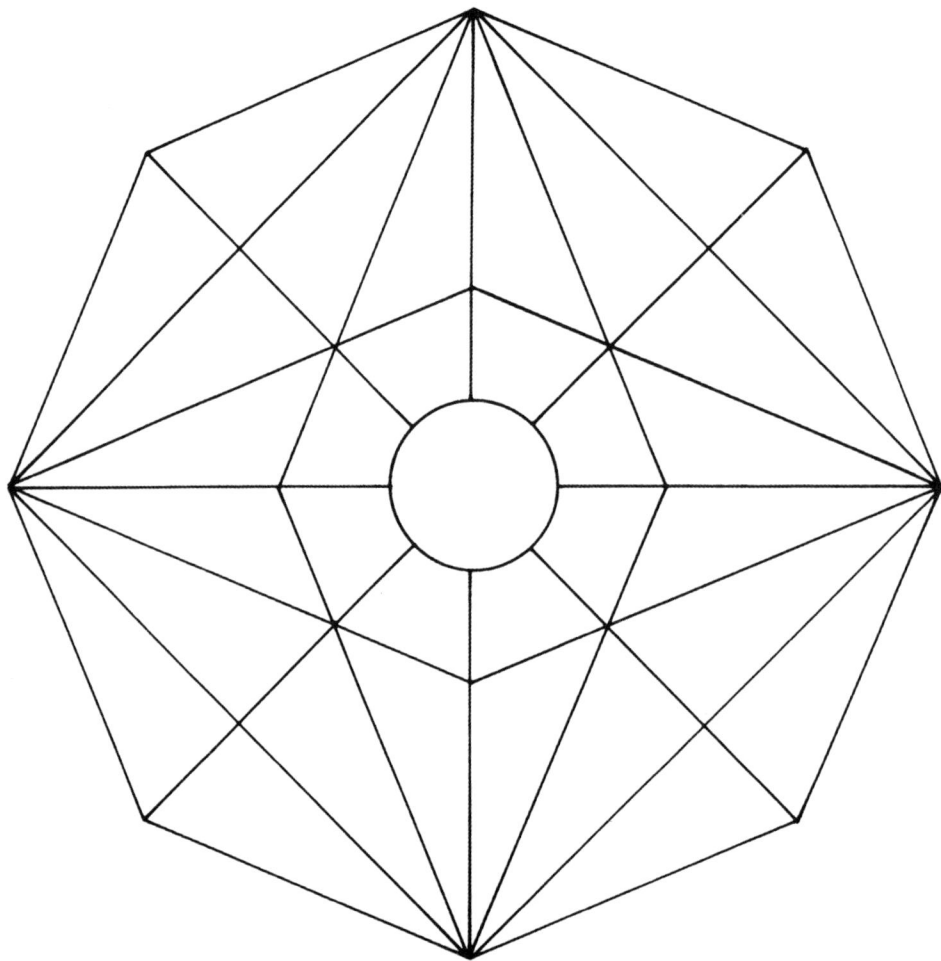

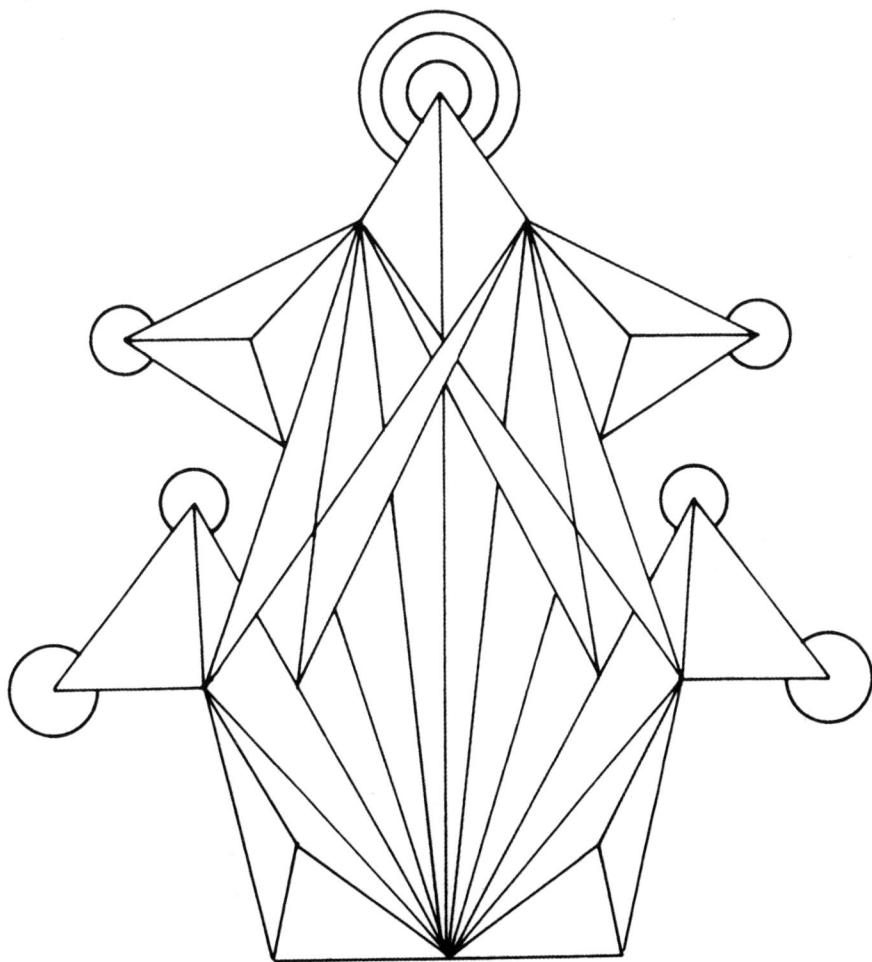

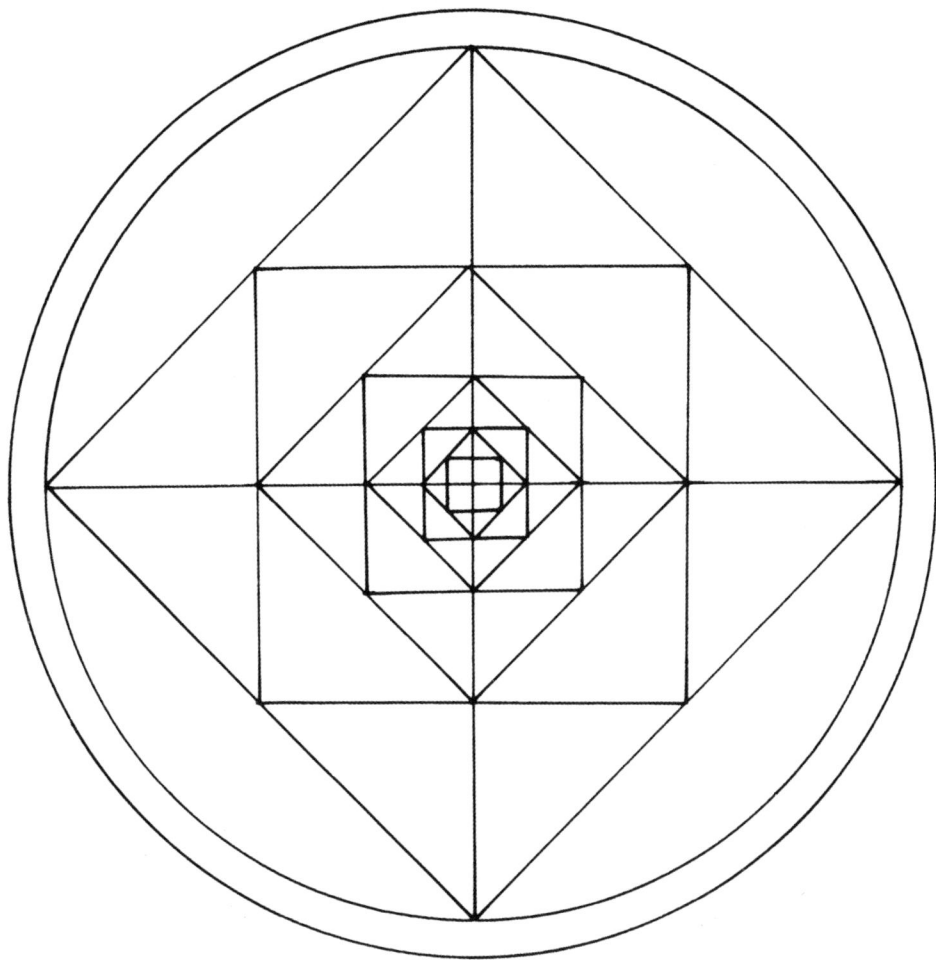

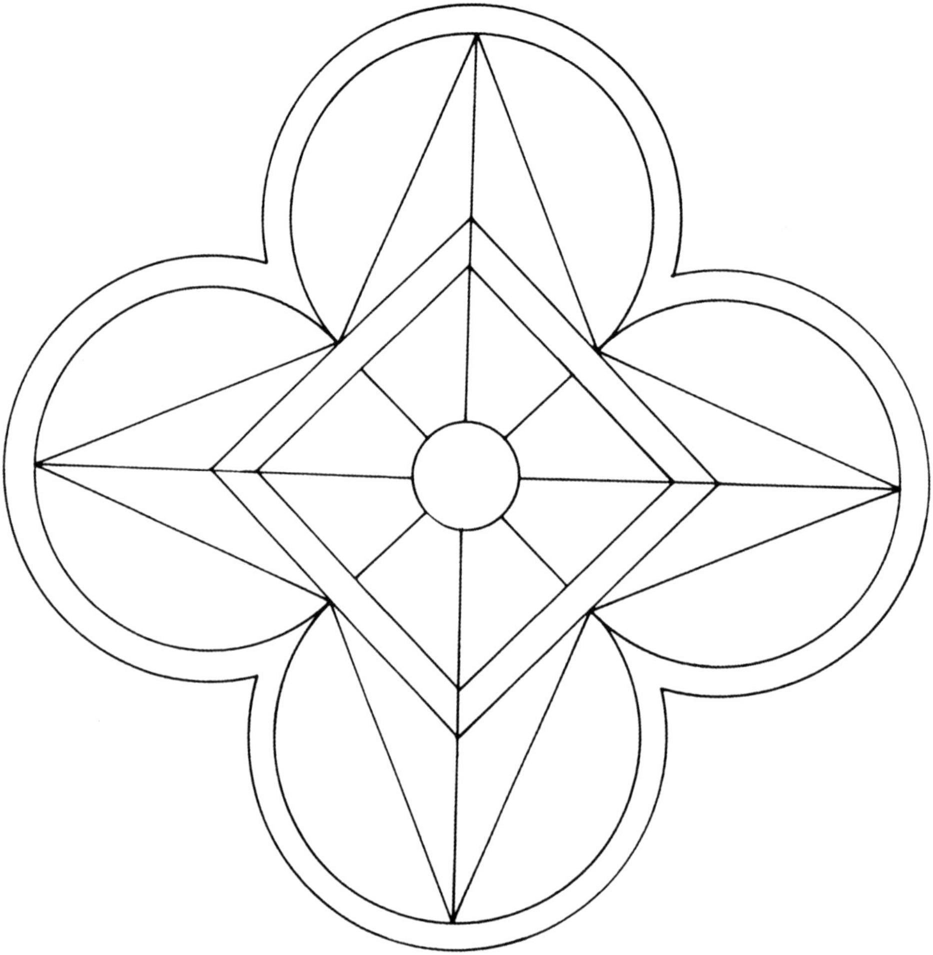

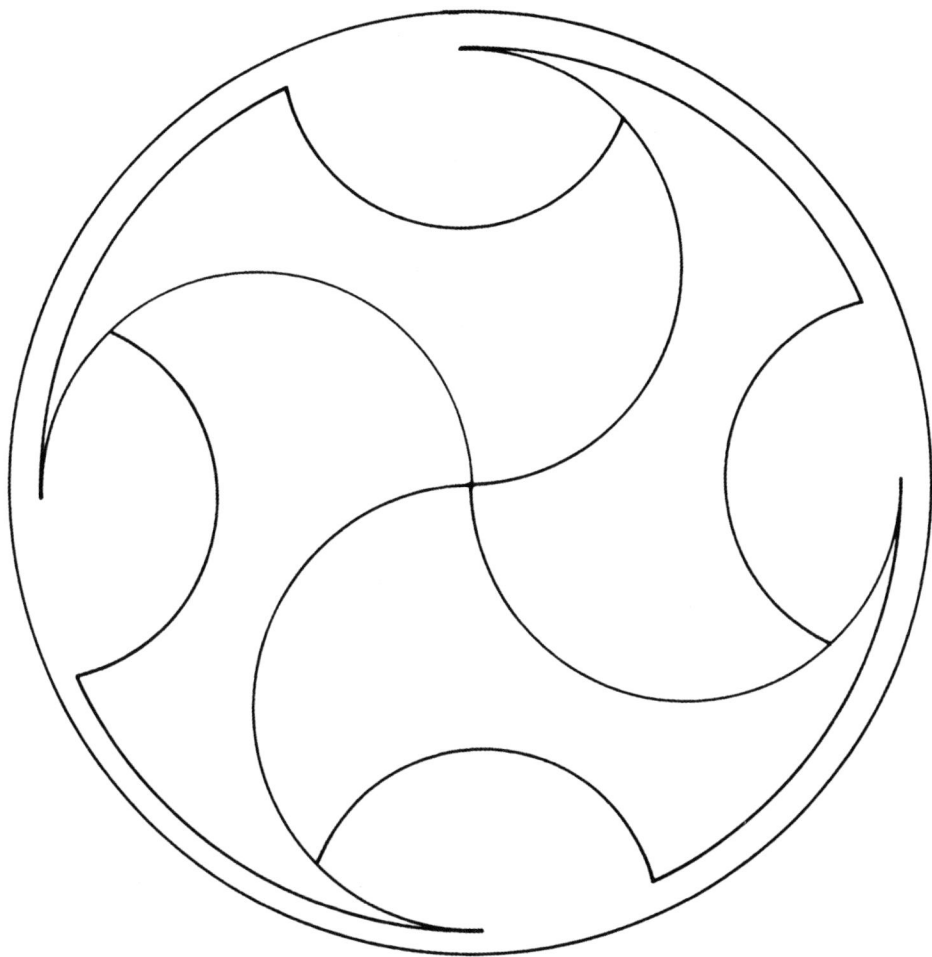

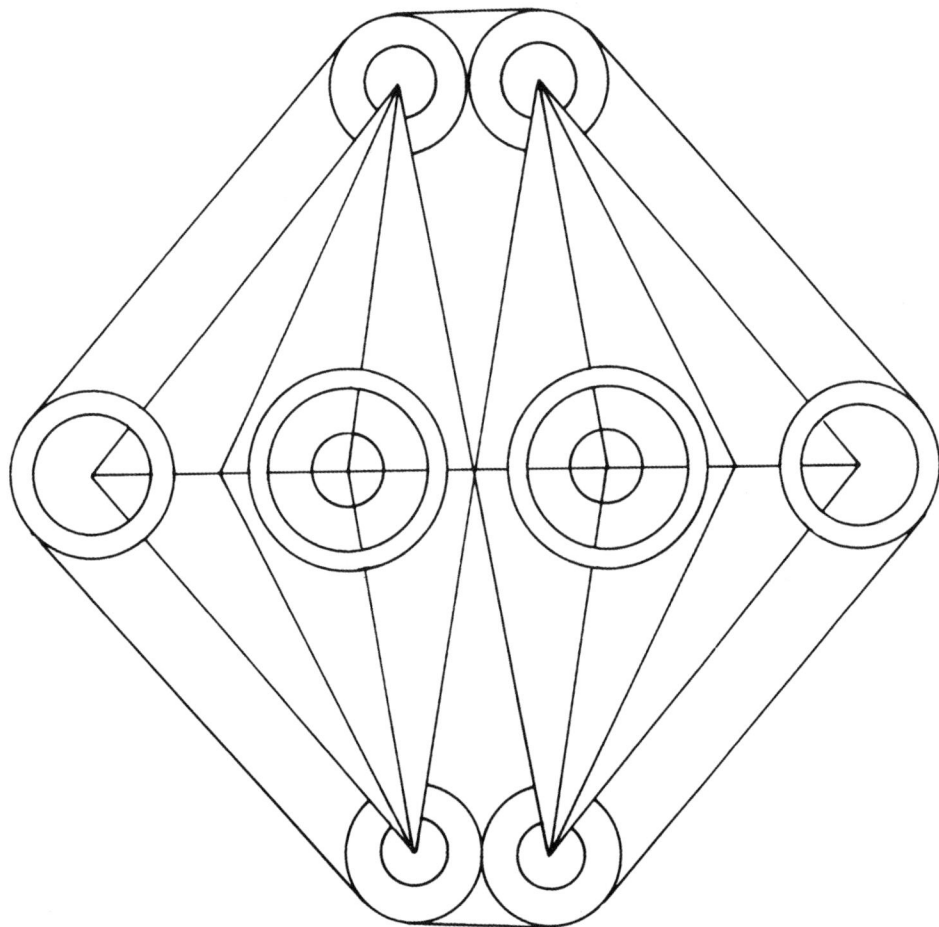

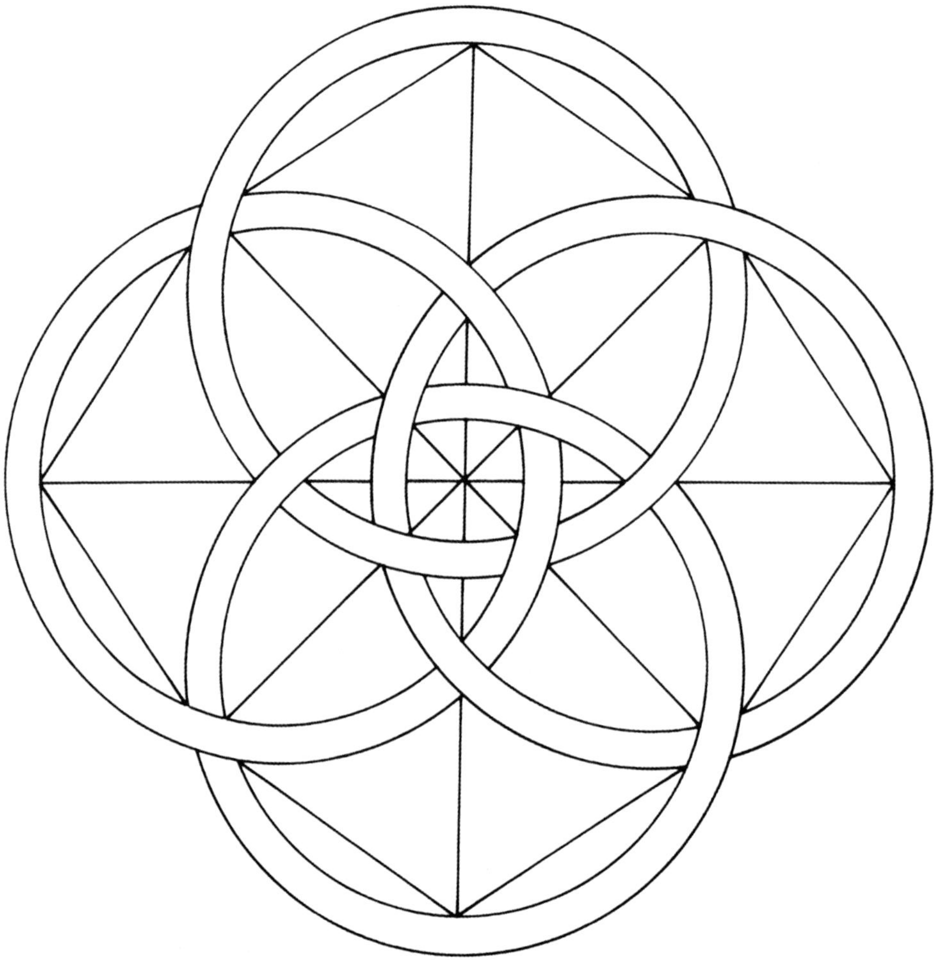

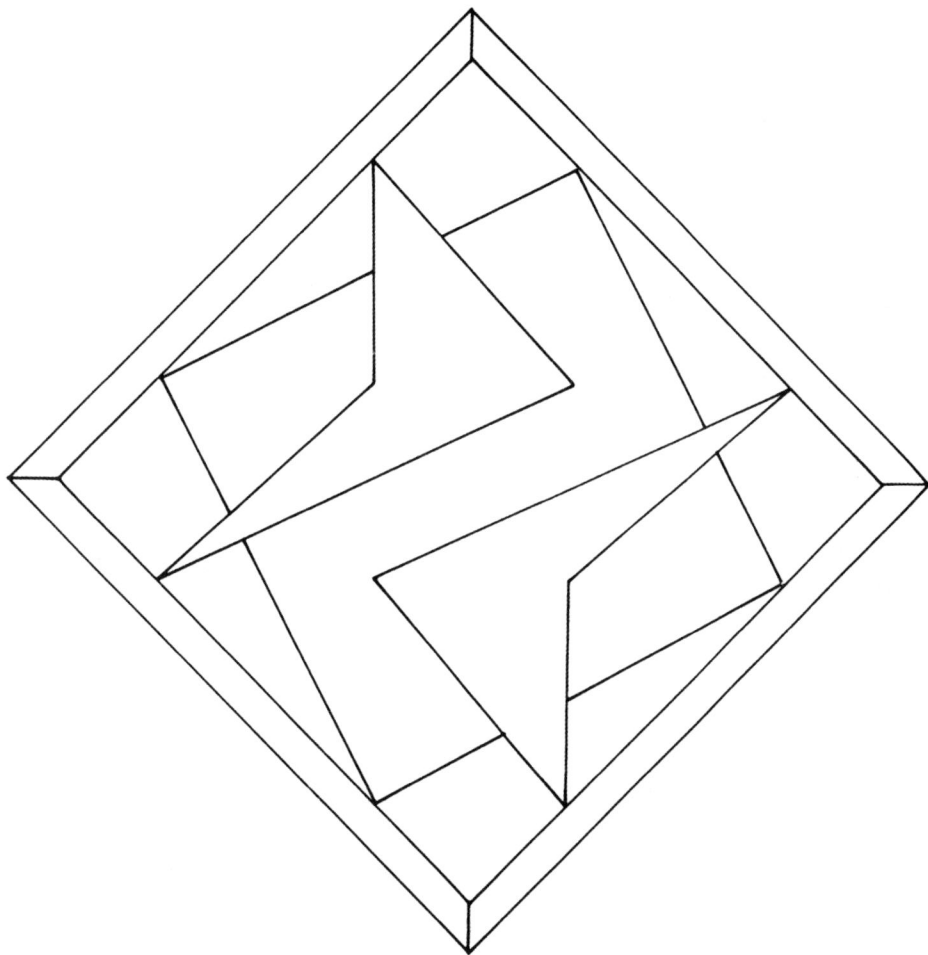

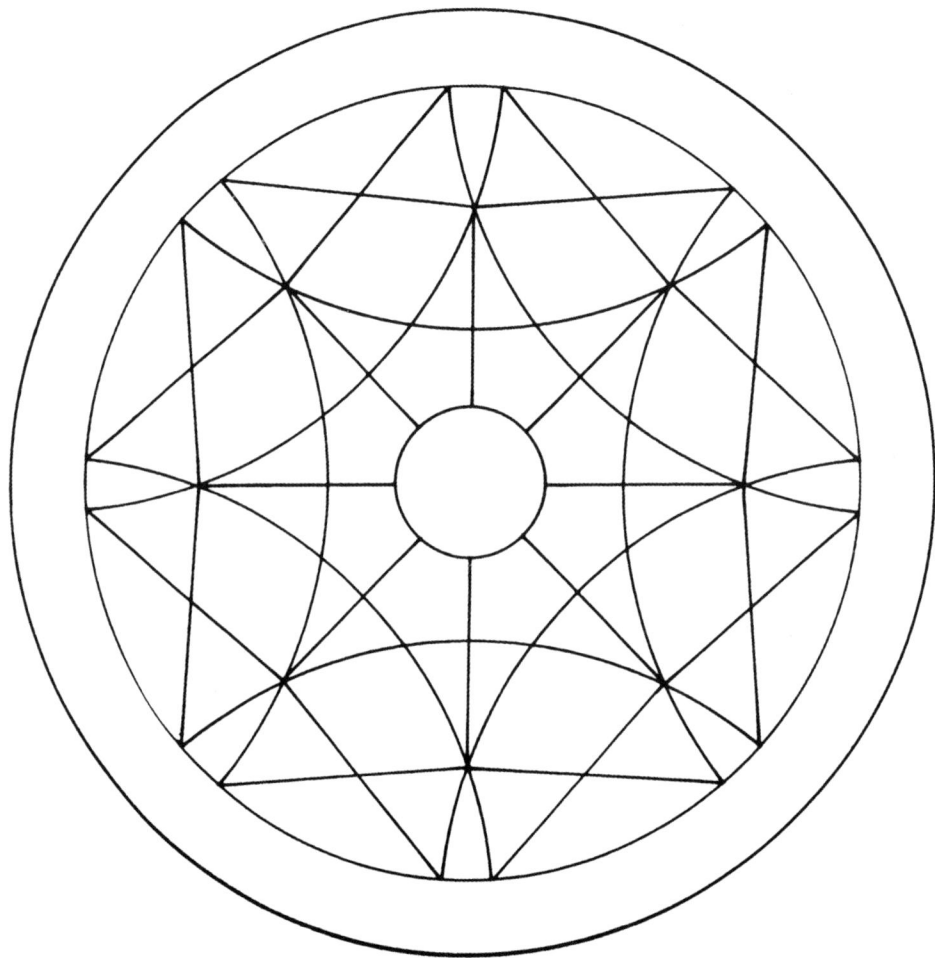

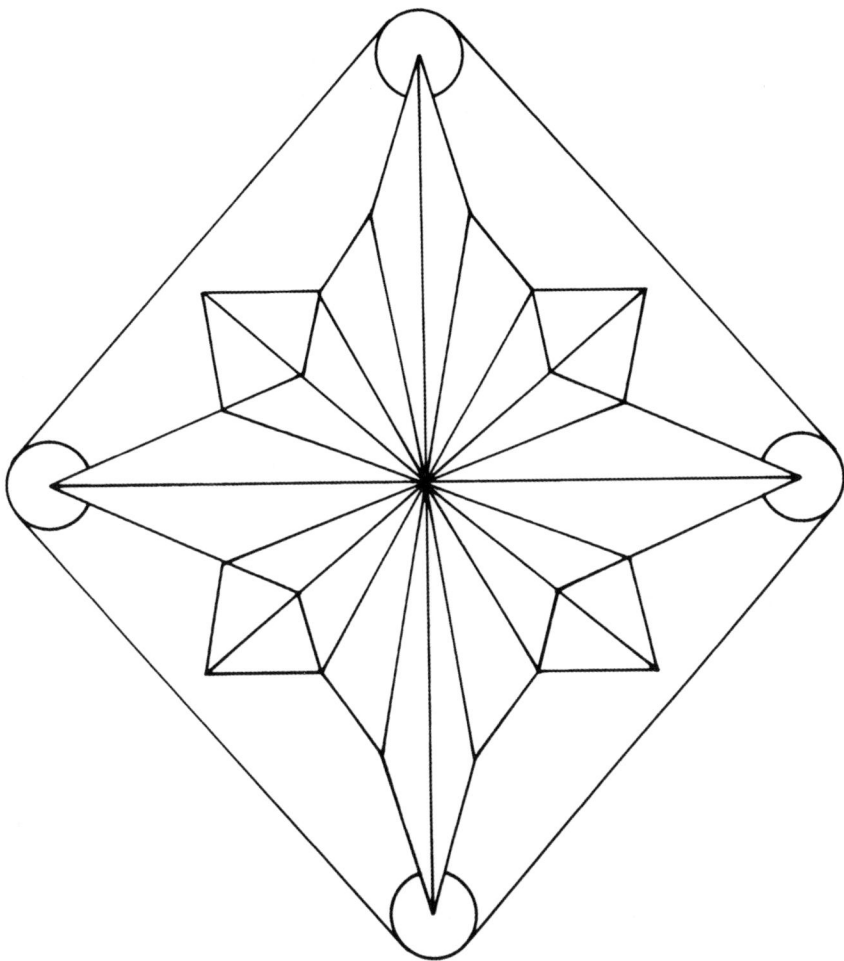

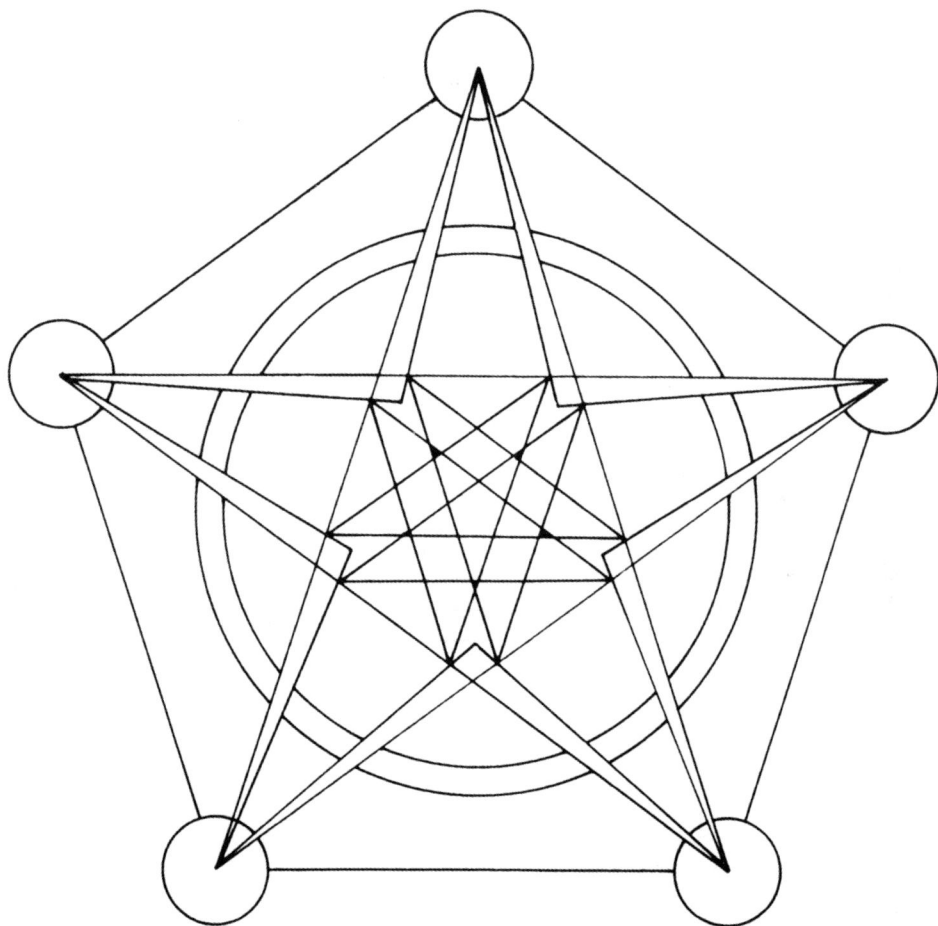

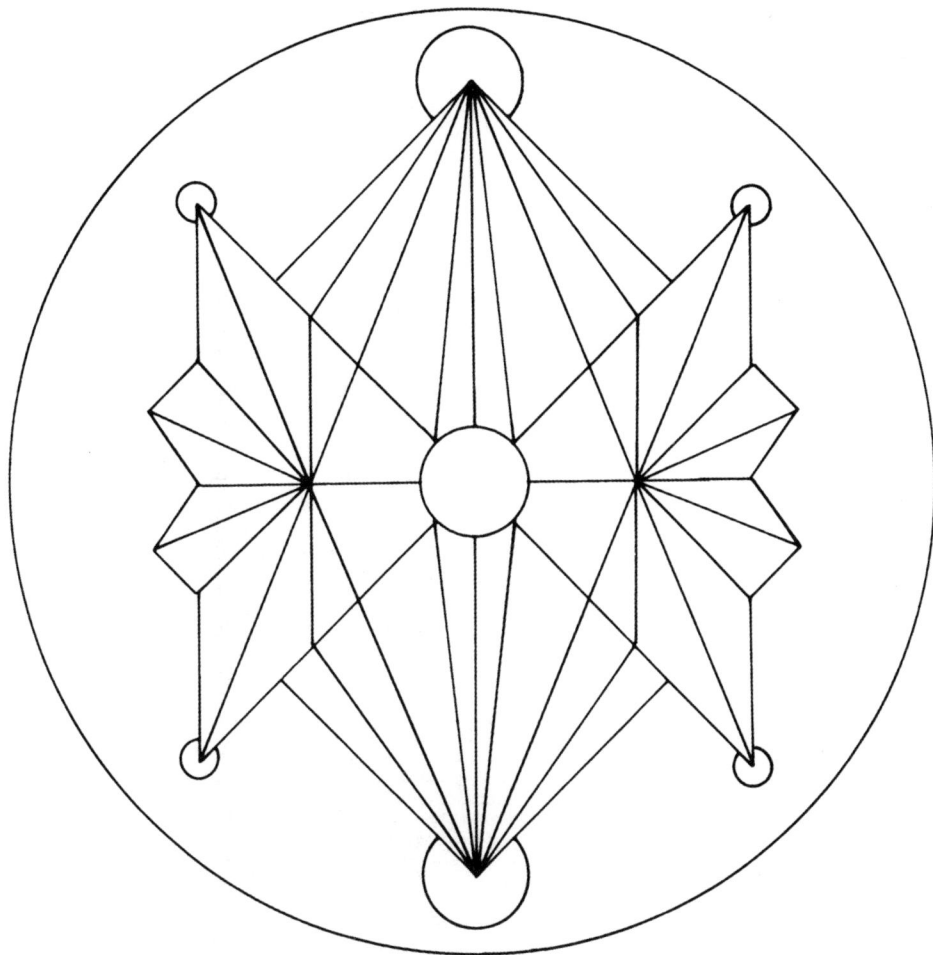

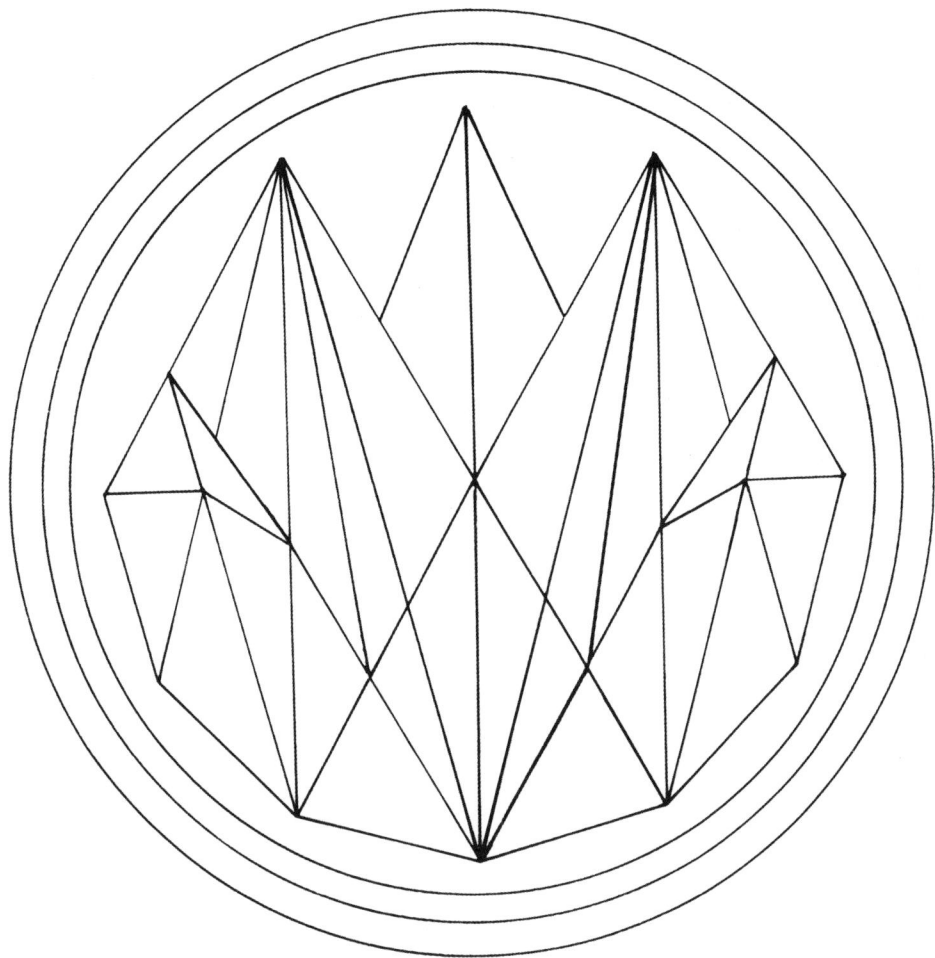

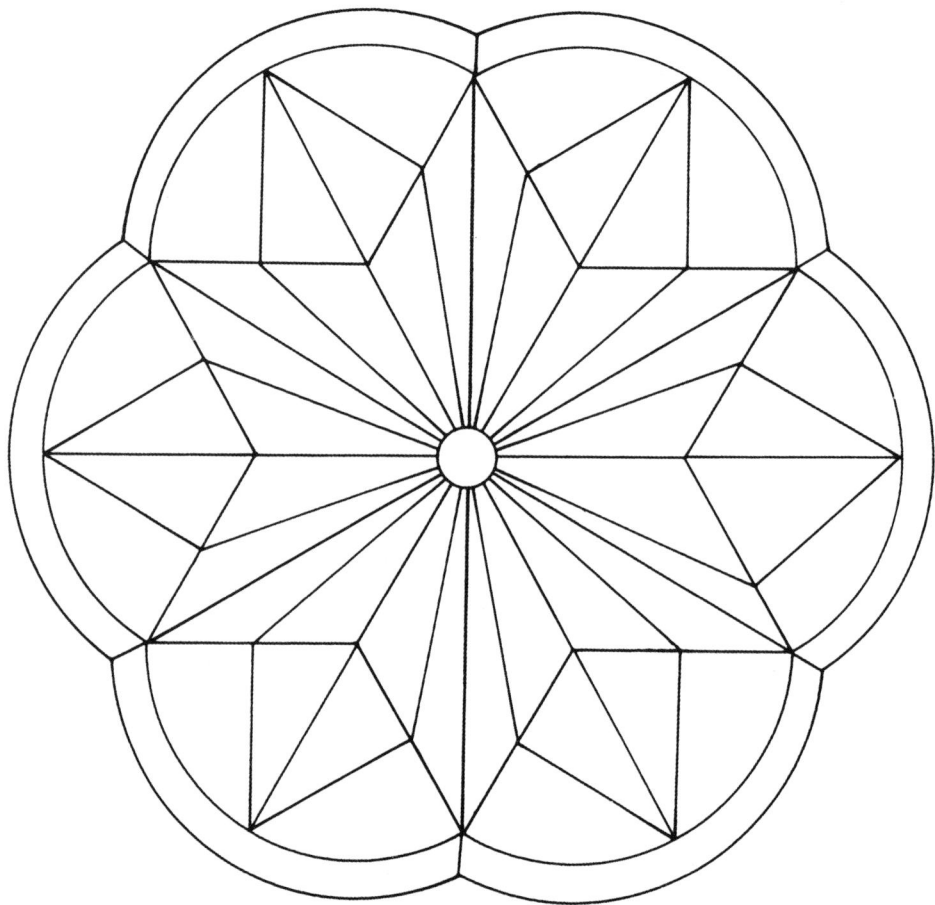

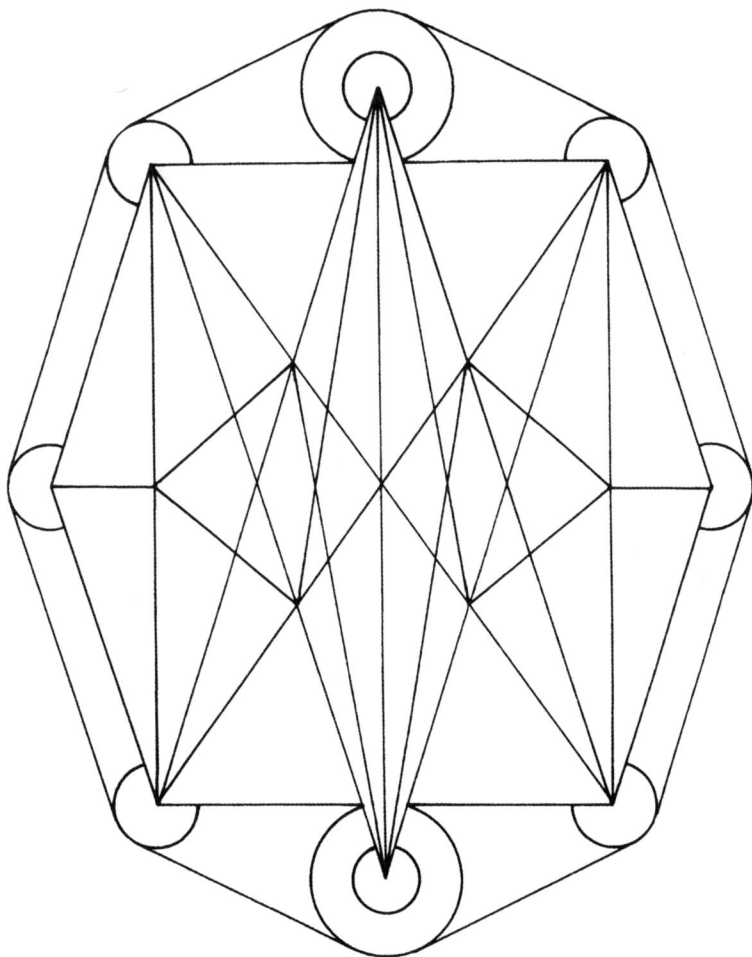

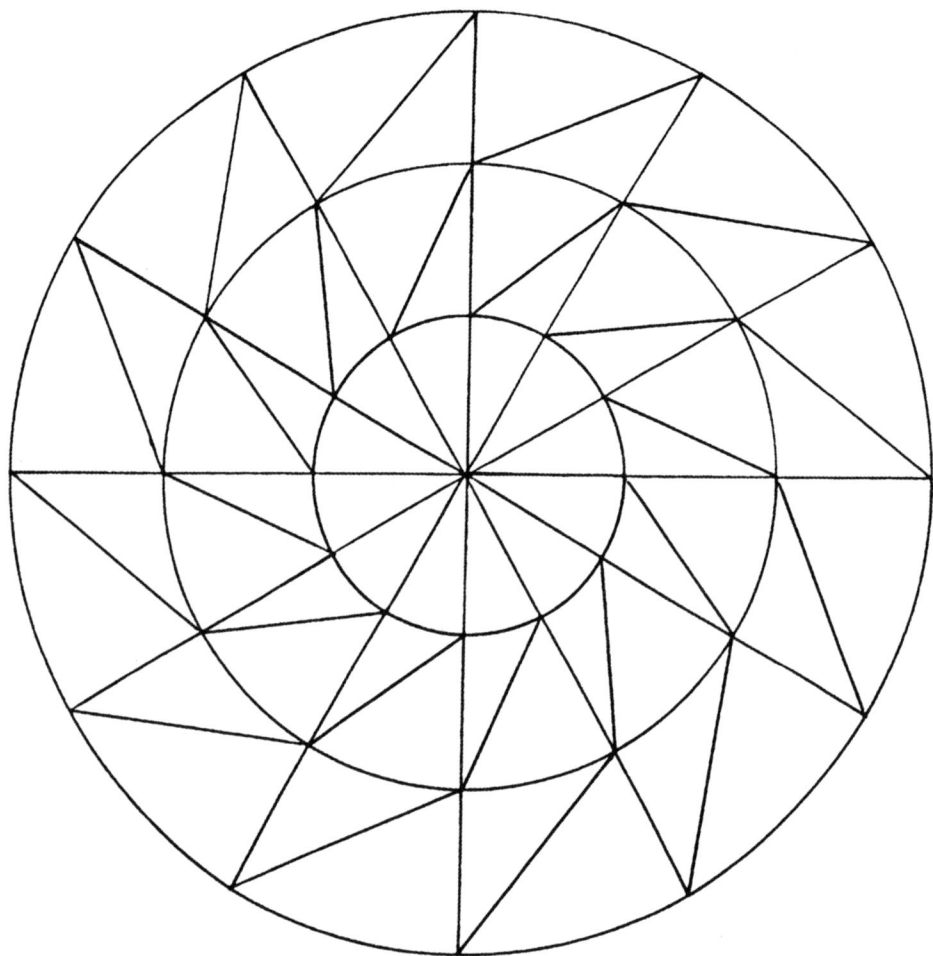

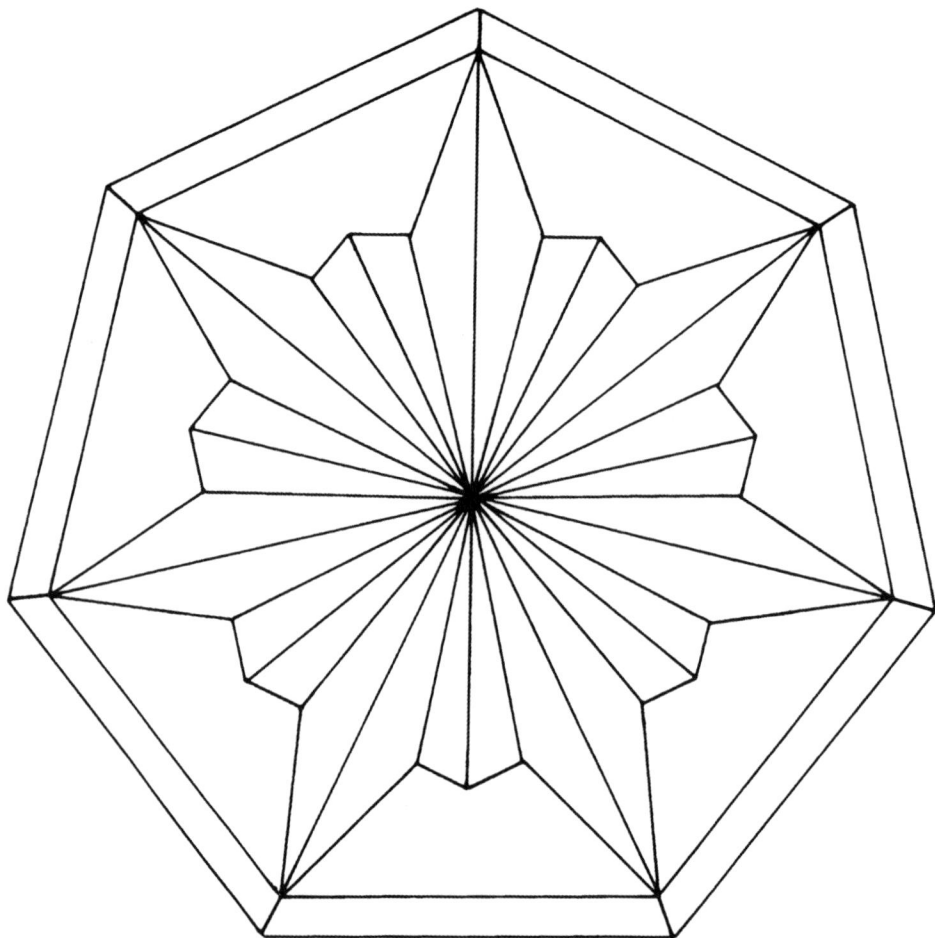

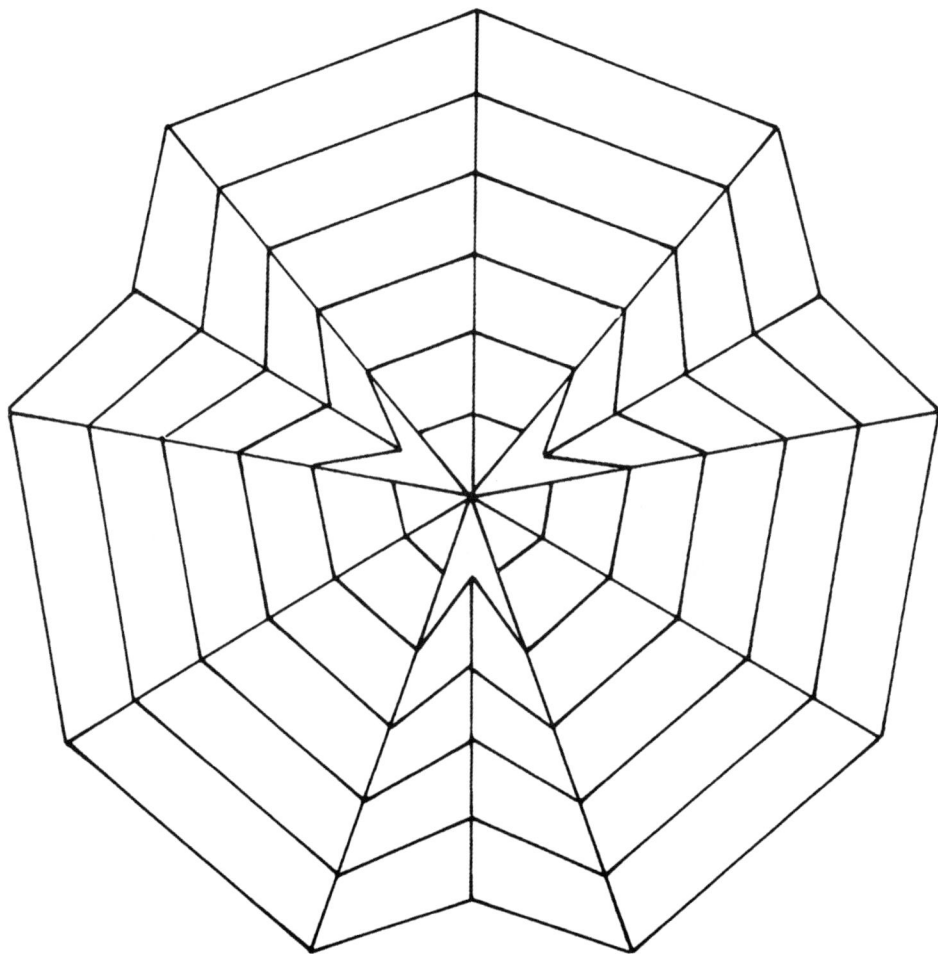

神奇的曼陀罗

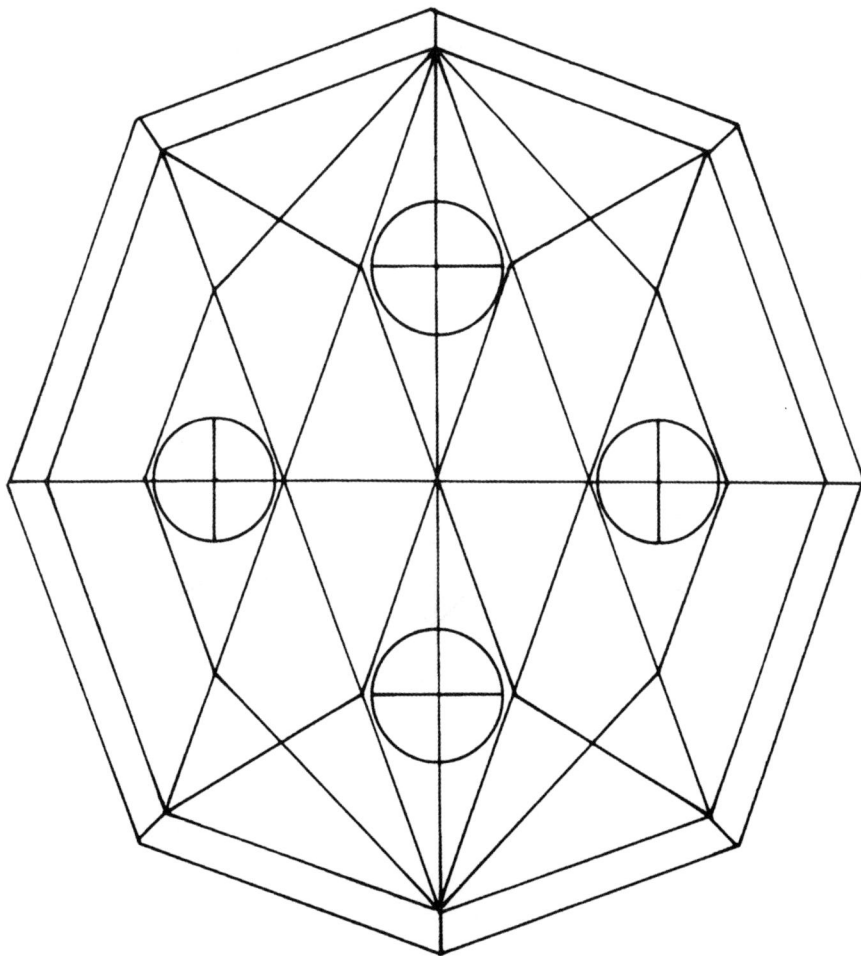

神奇的曼陀罗

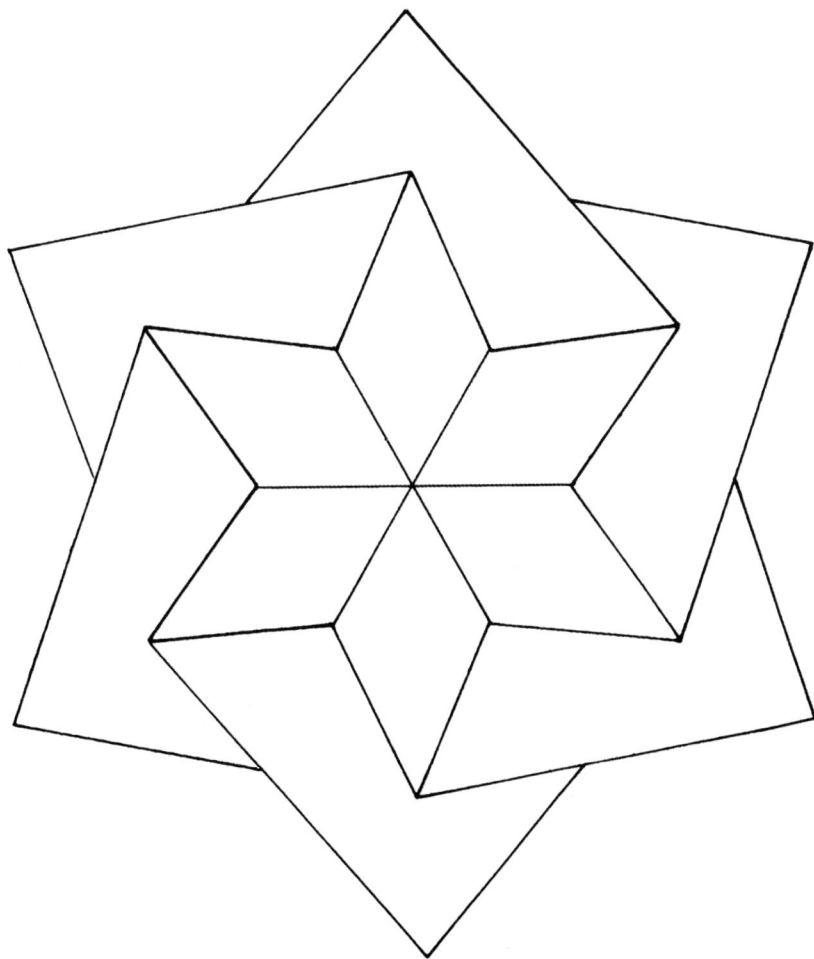

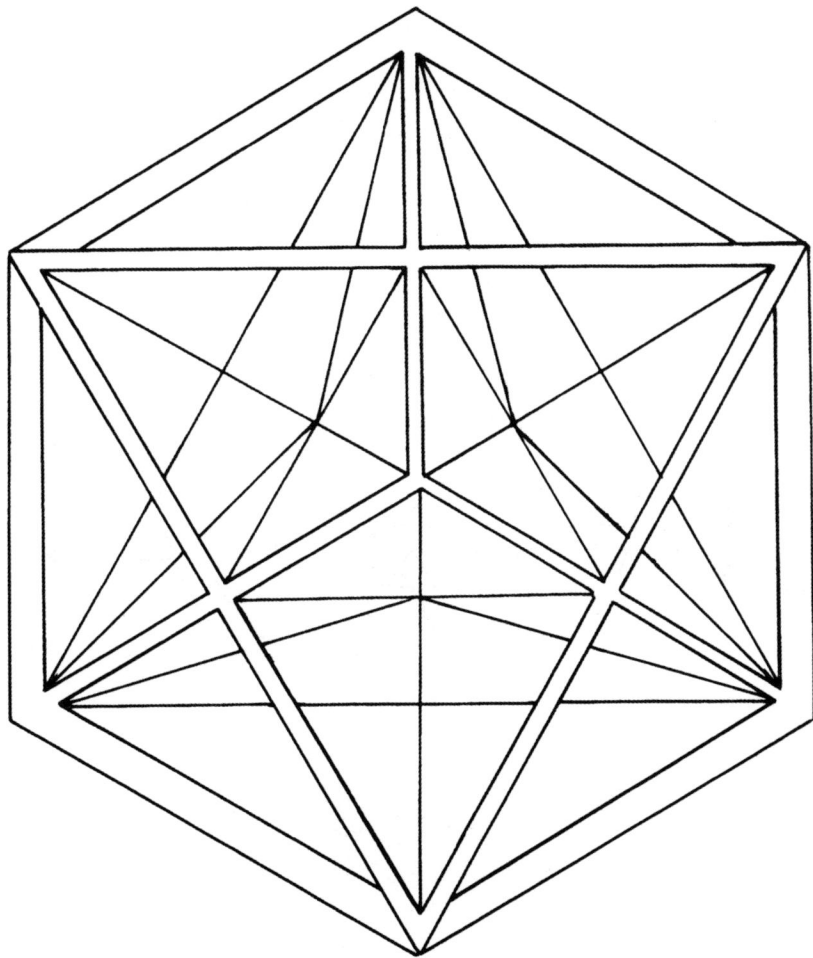

神
奇
的
曼
陀
罗

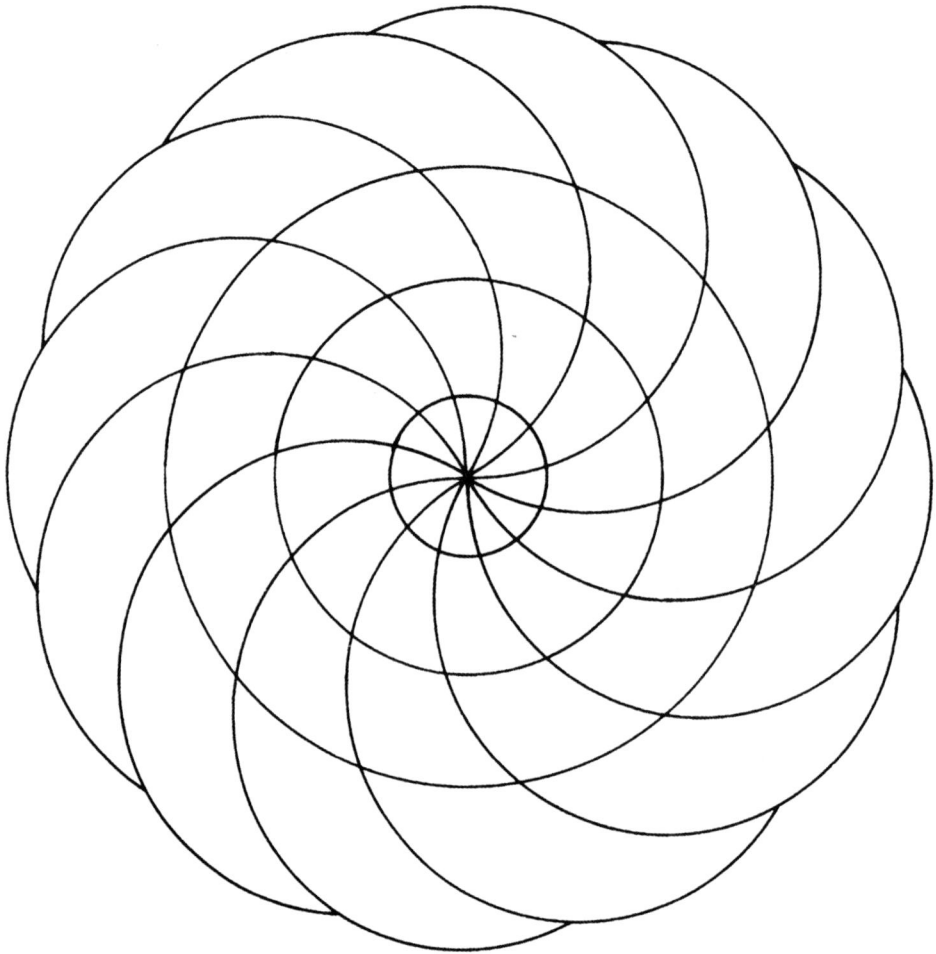

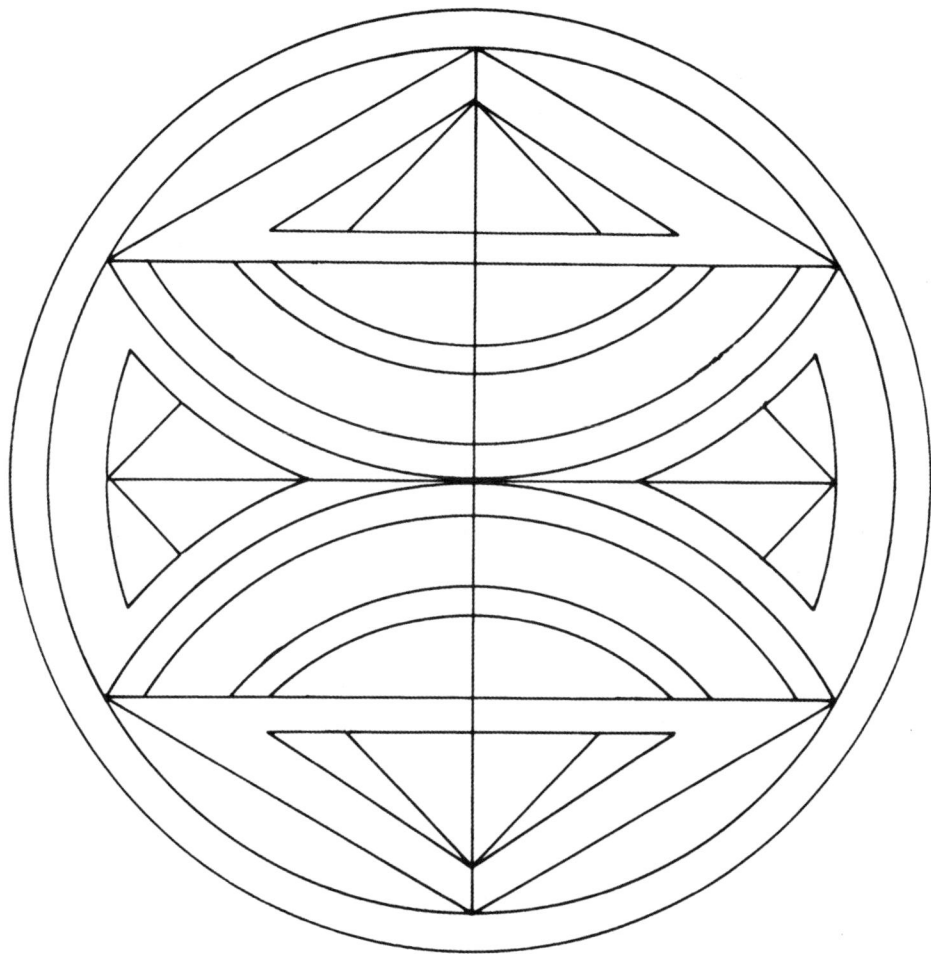

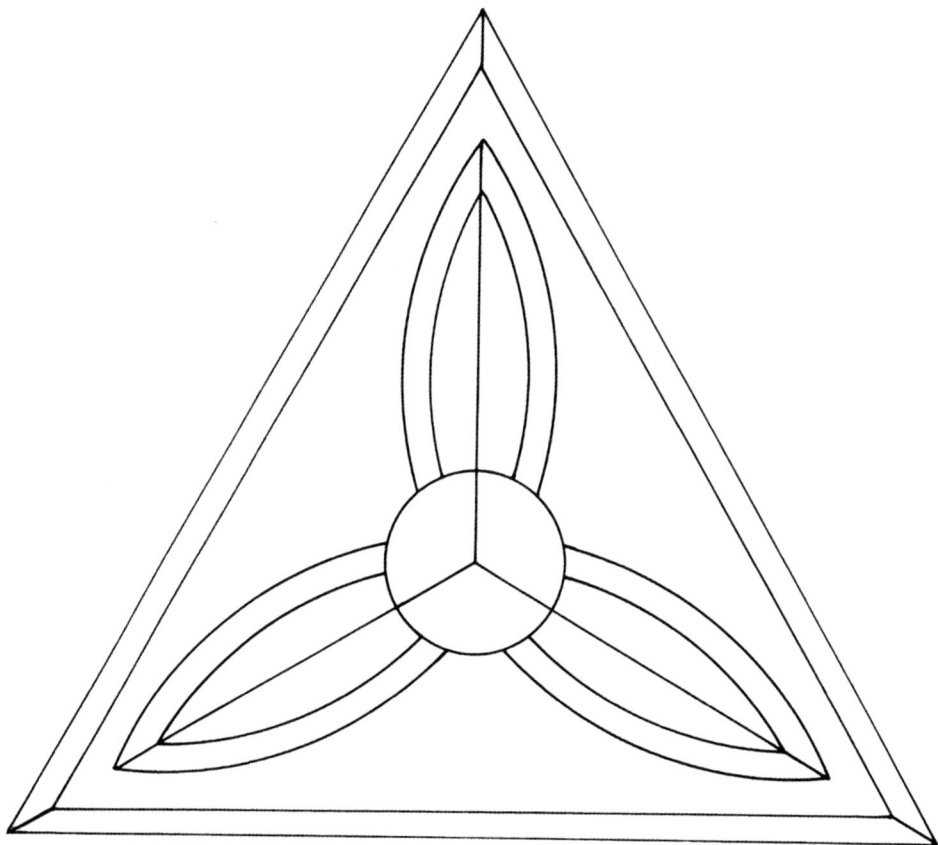

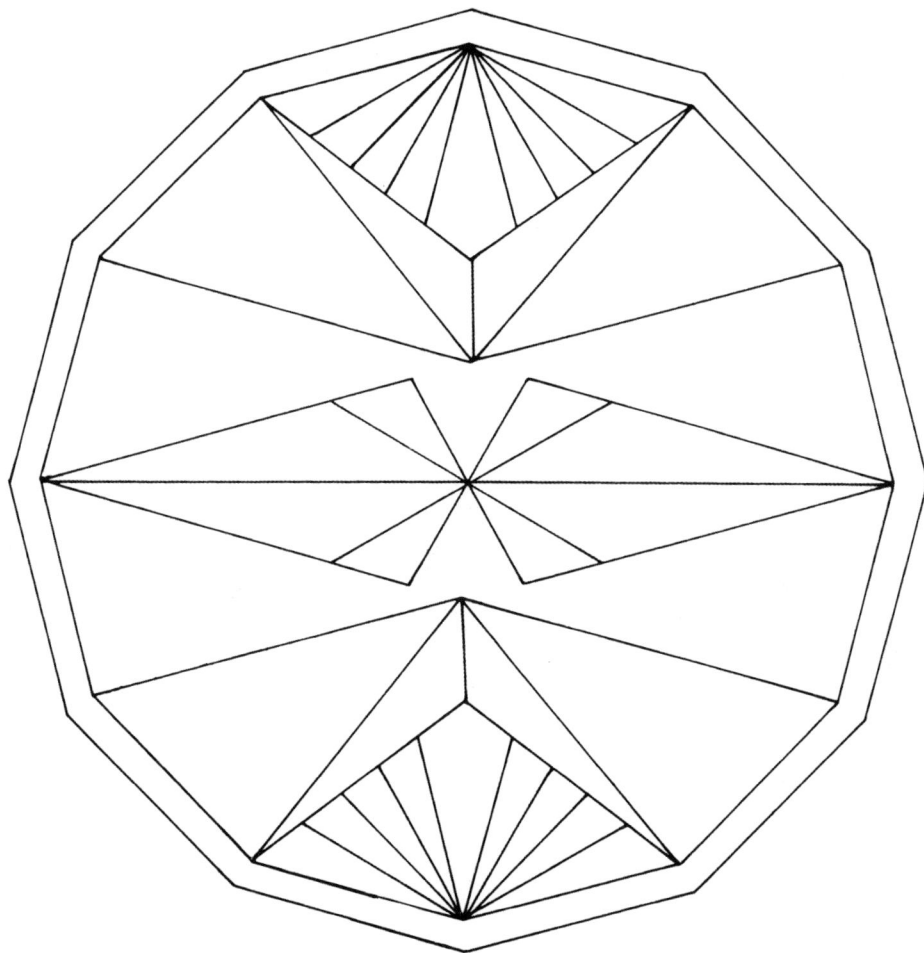

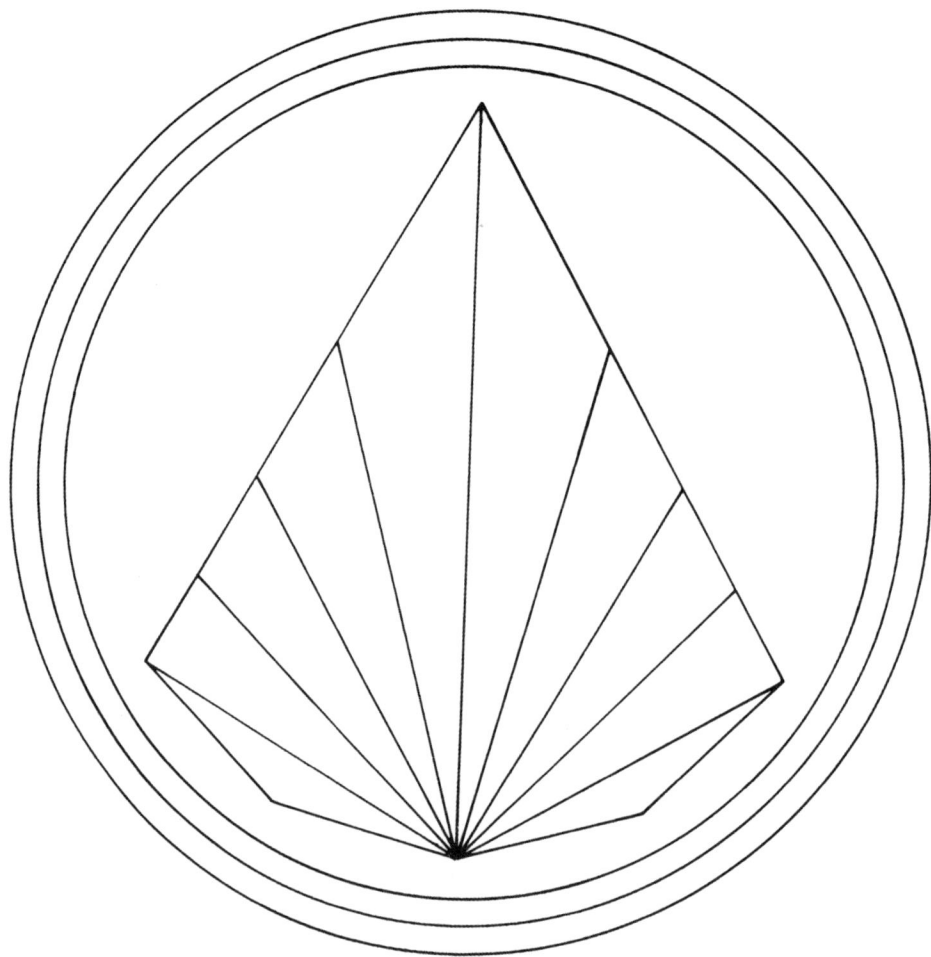

神奇的曼陀罗

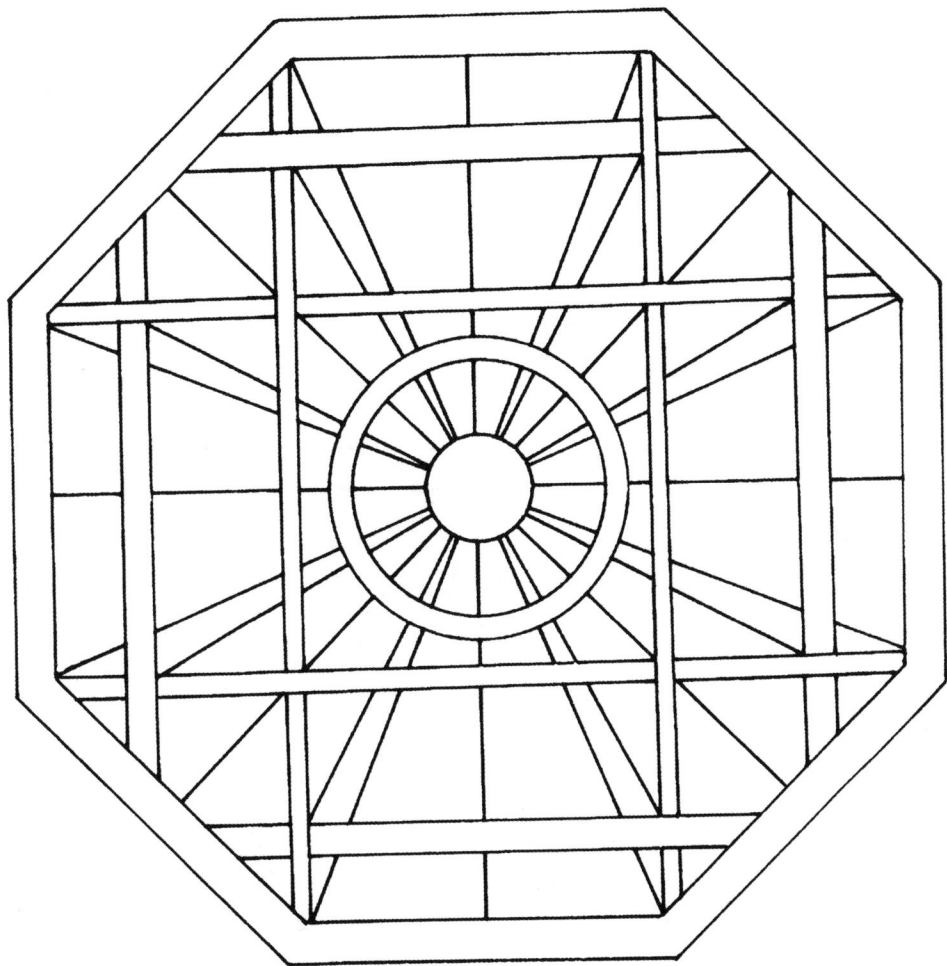

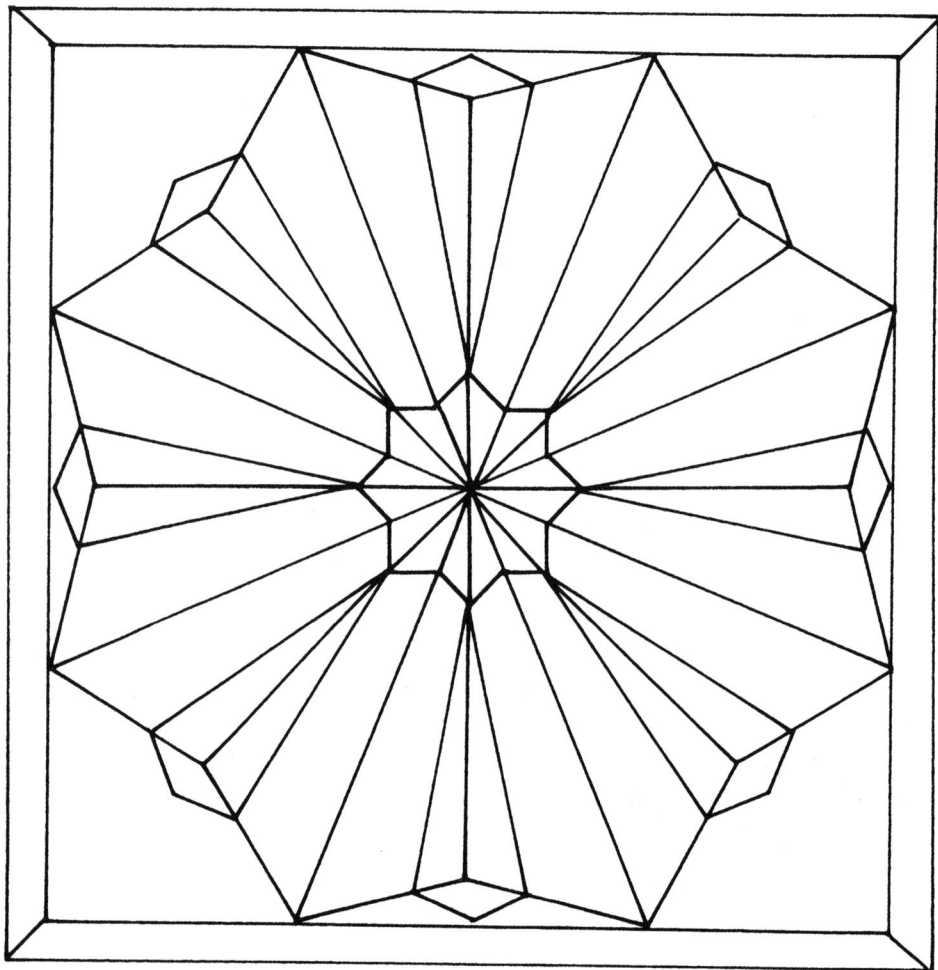

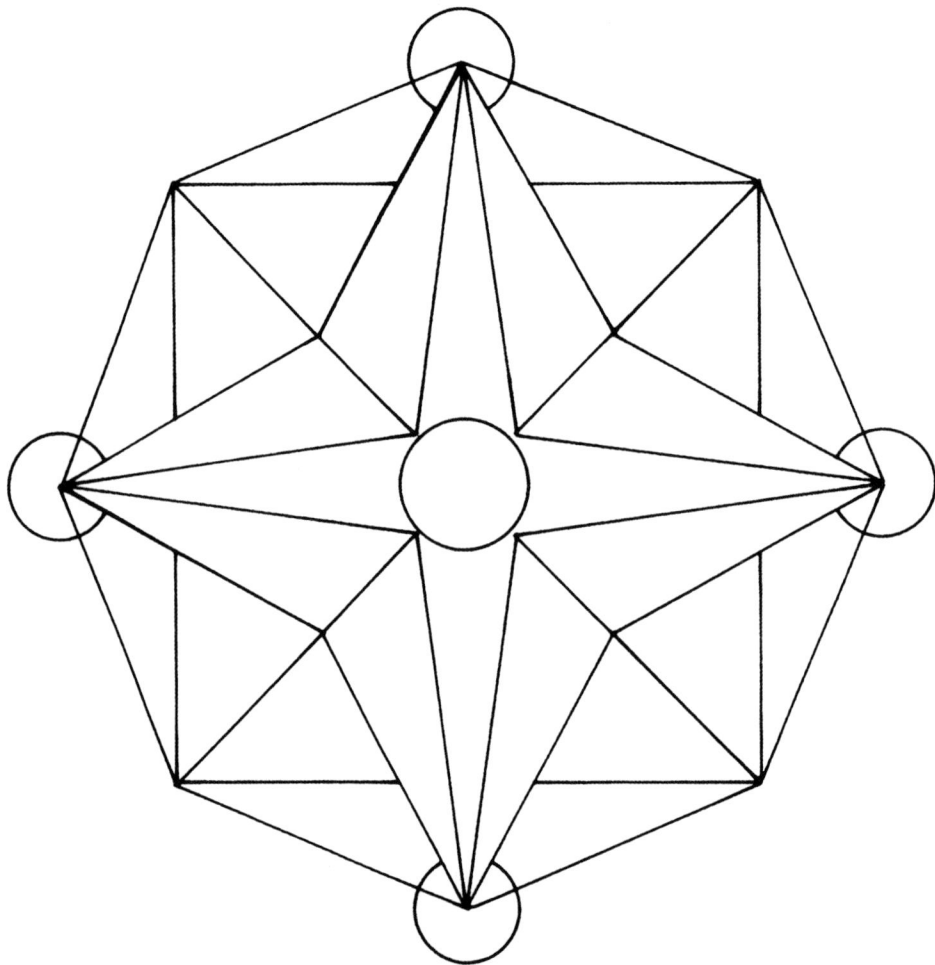

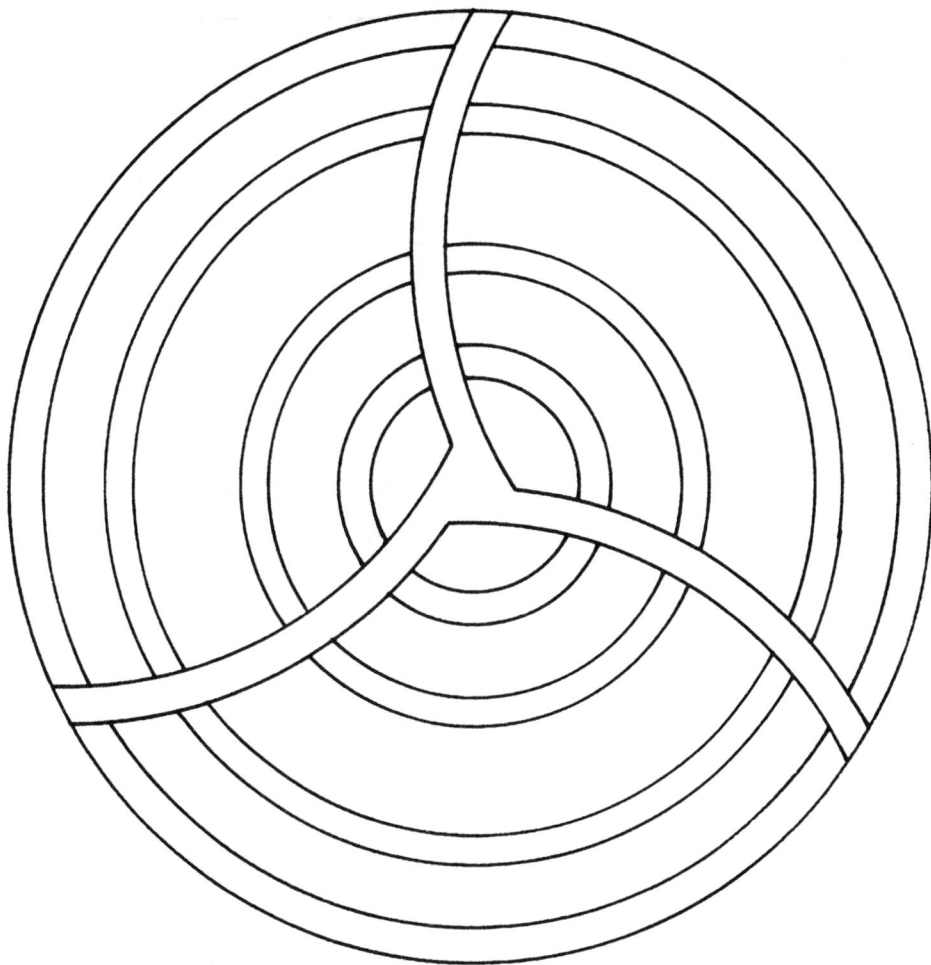

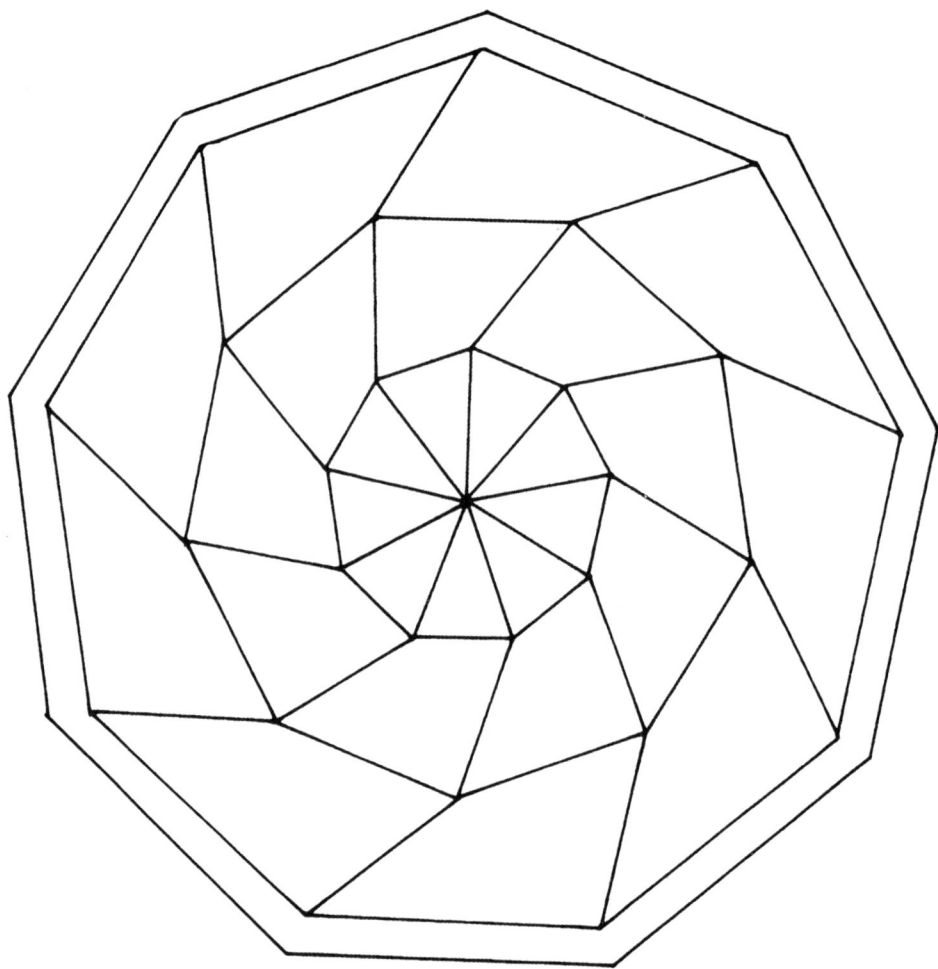

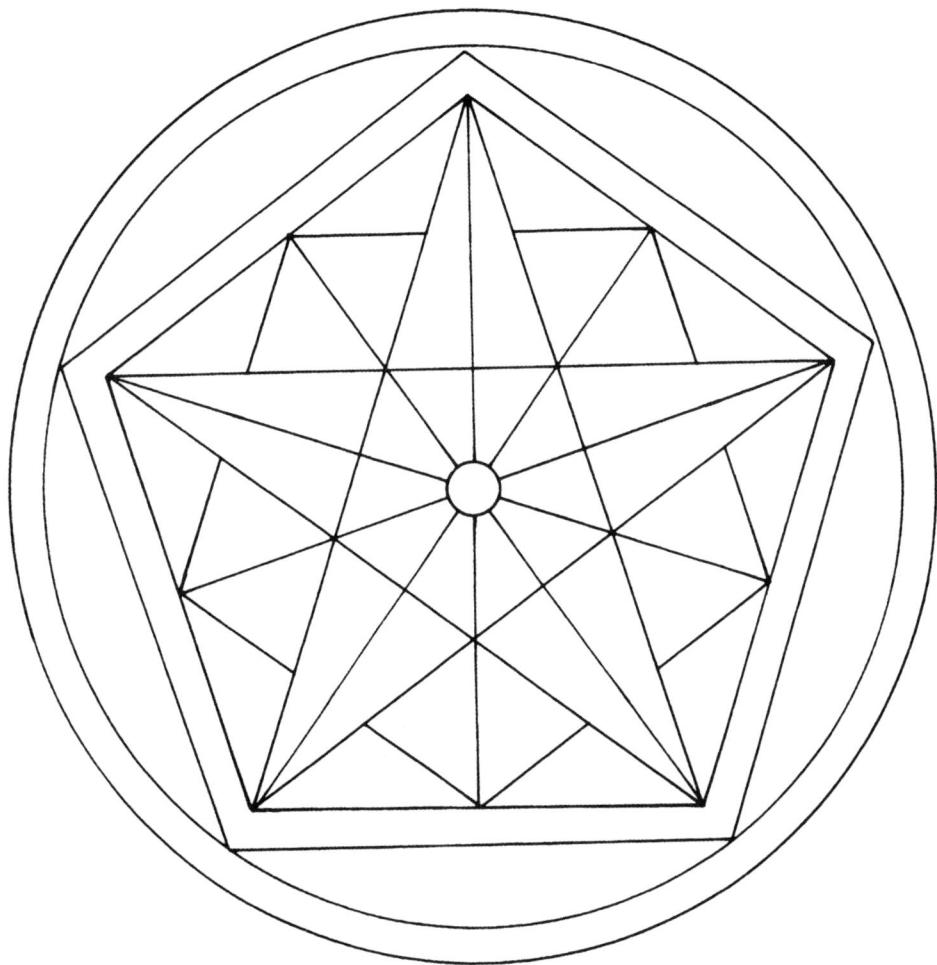

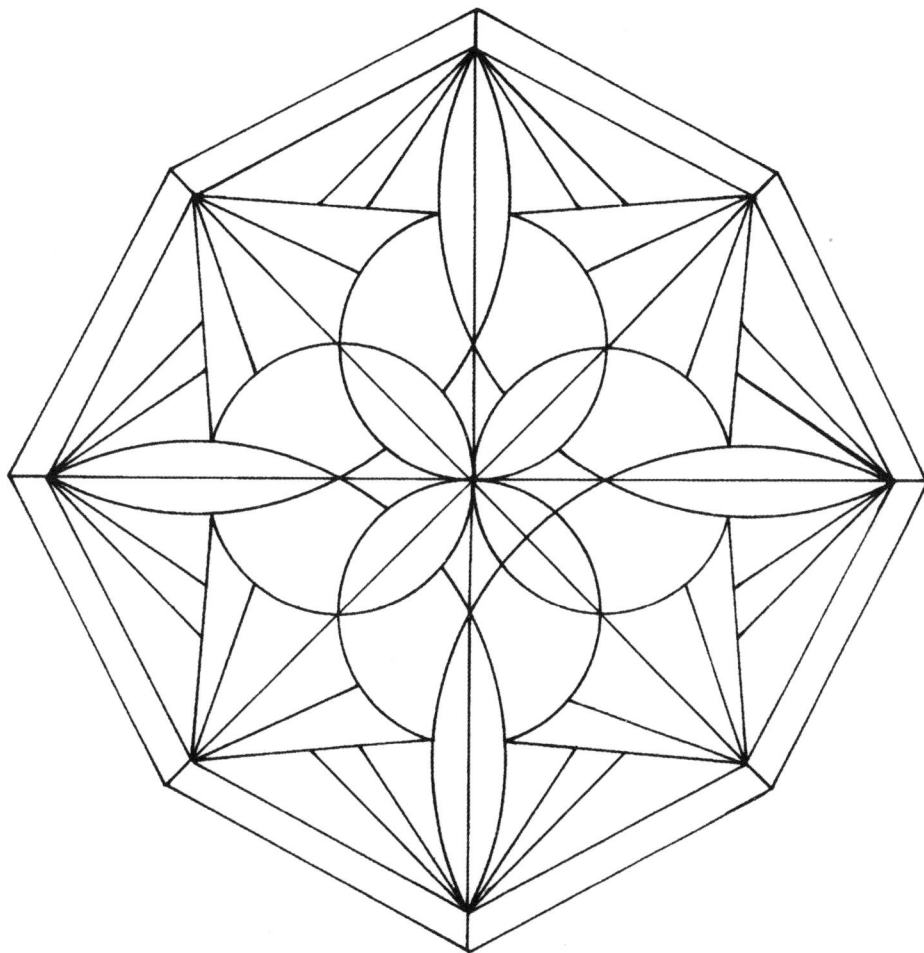

神奇的曼陀罗

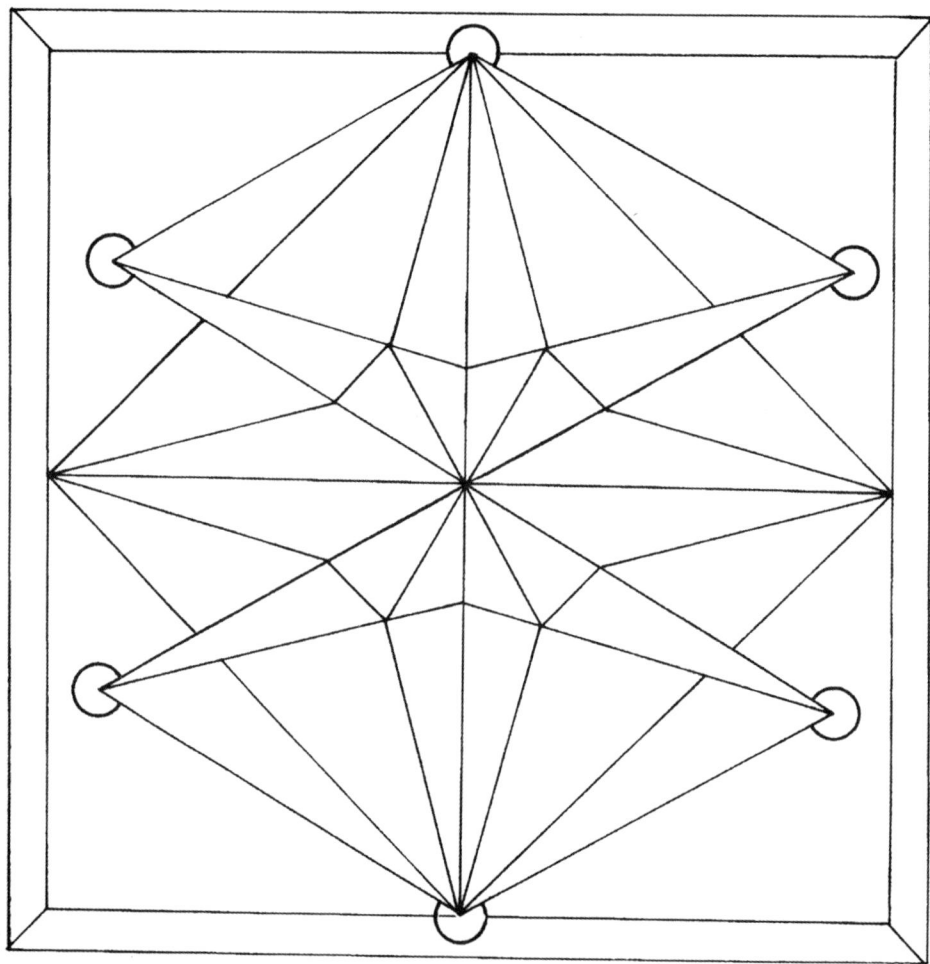

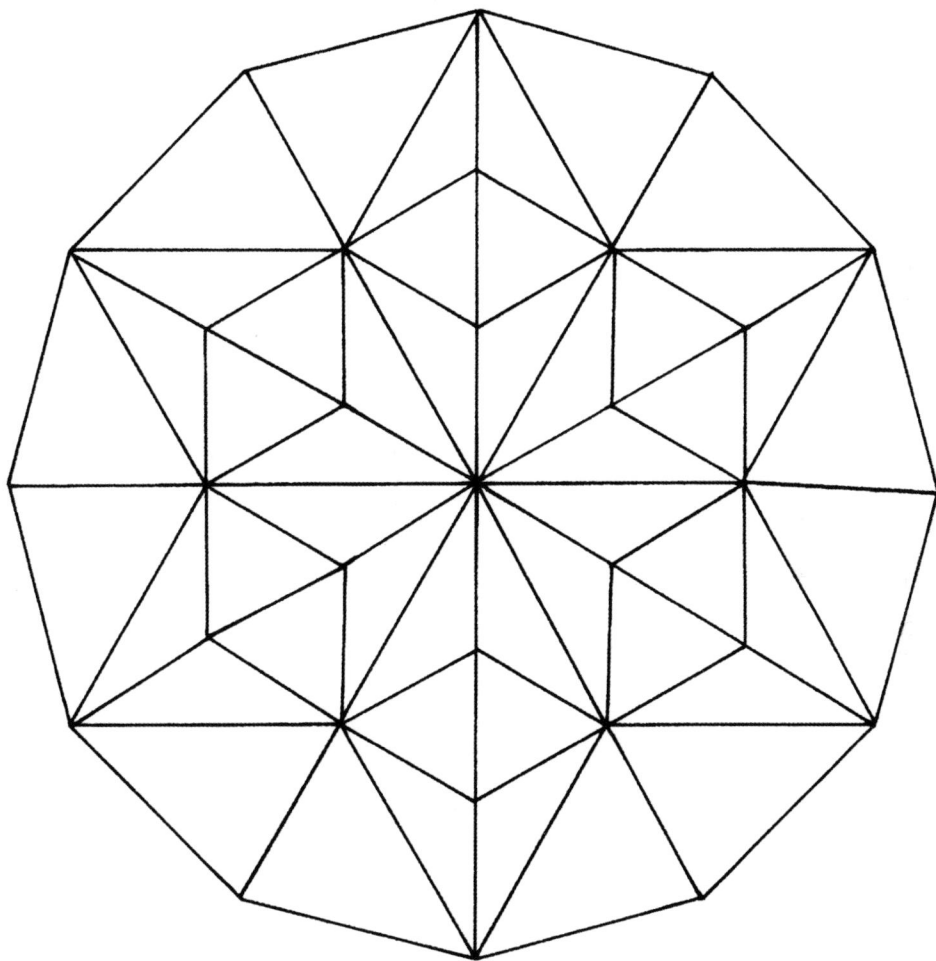

神奇的曼陀罗

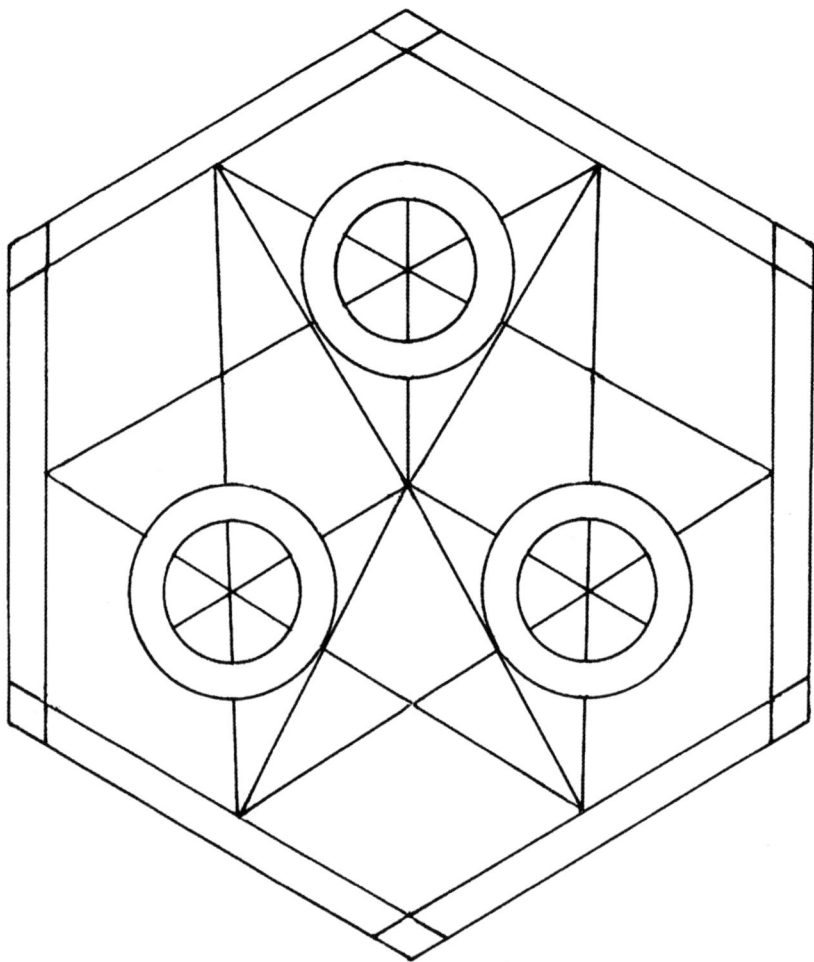

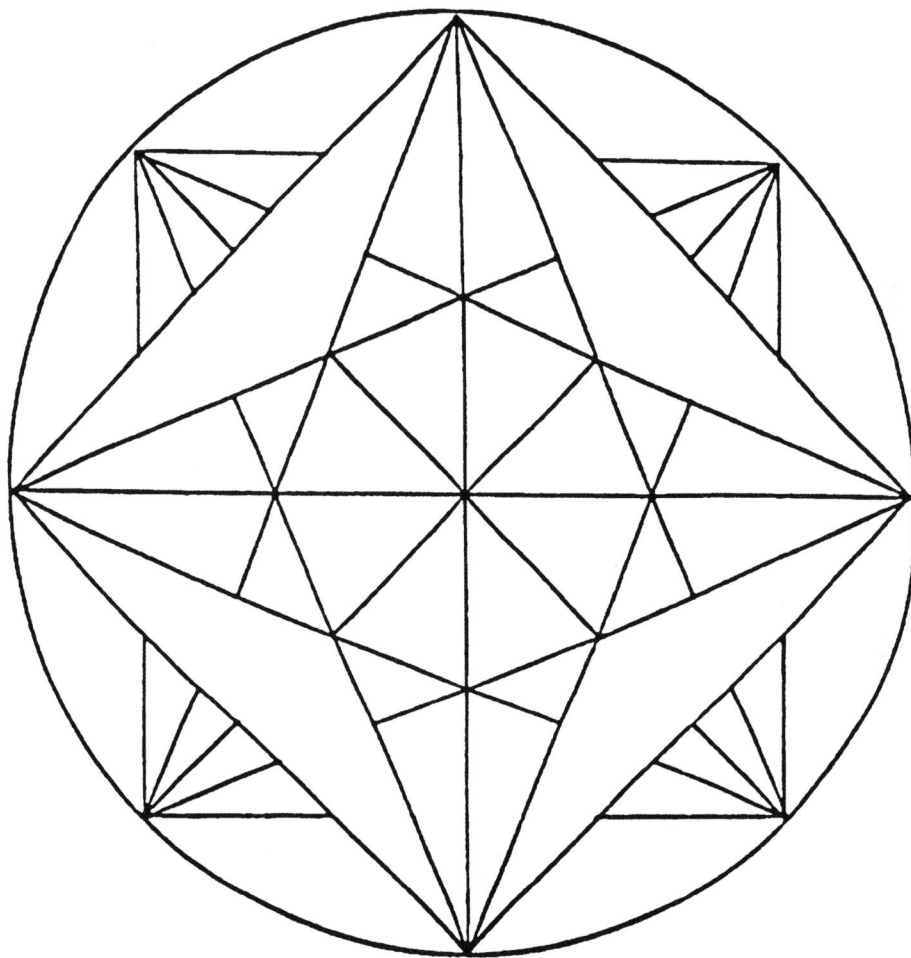

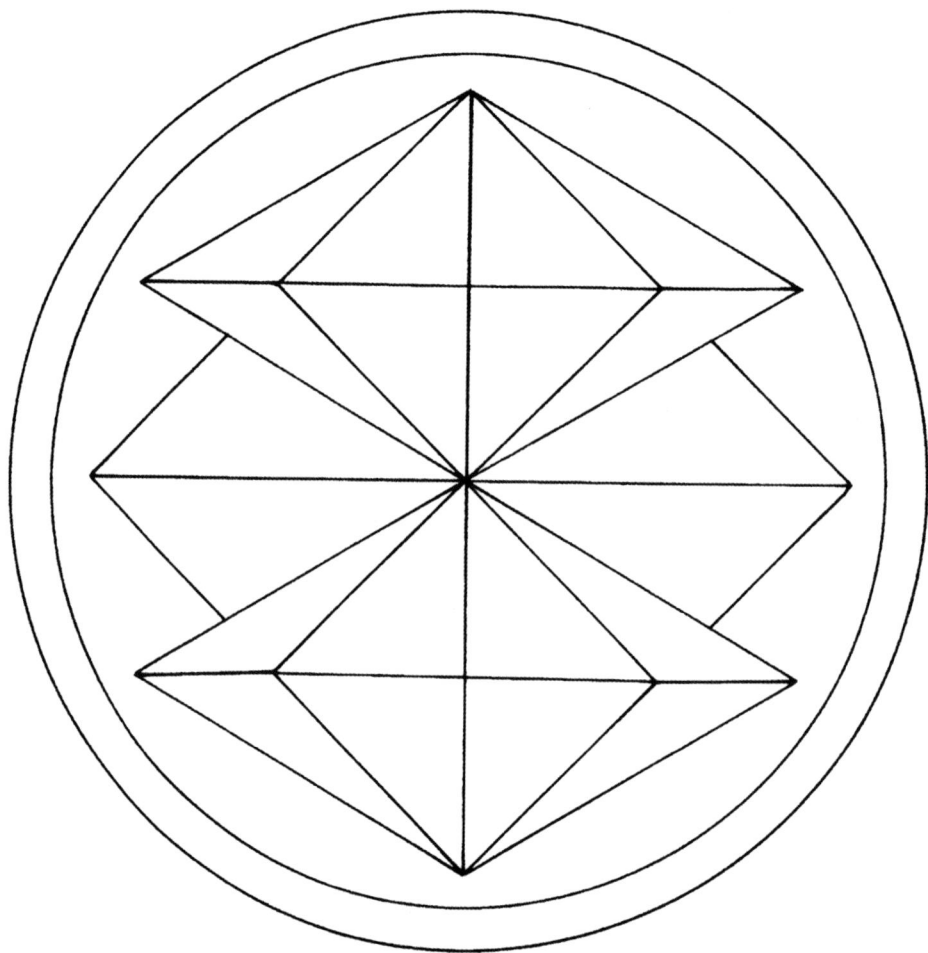

神奇的曼陀罗

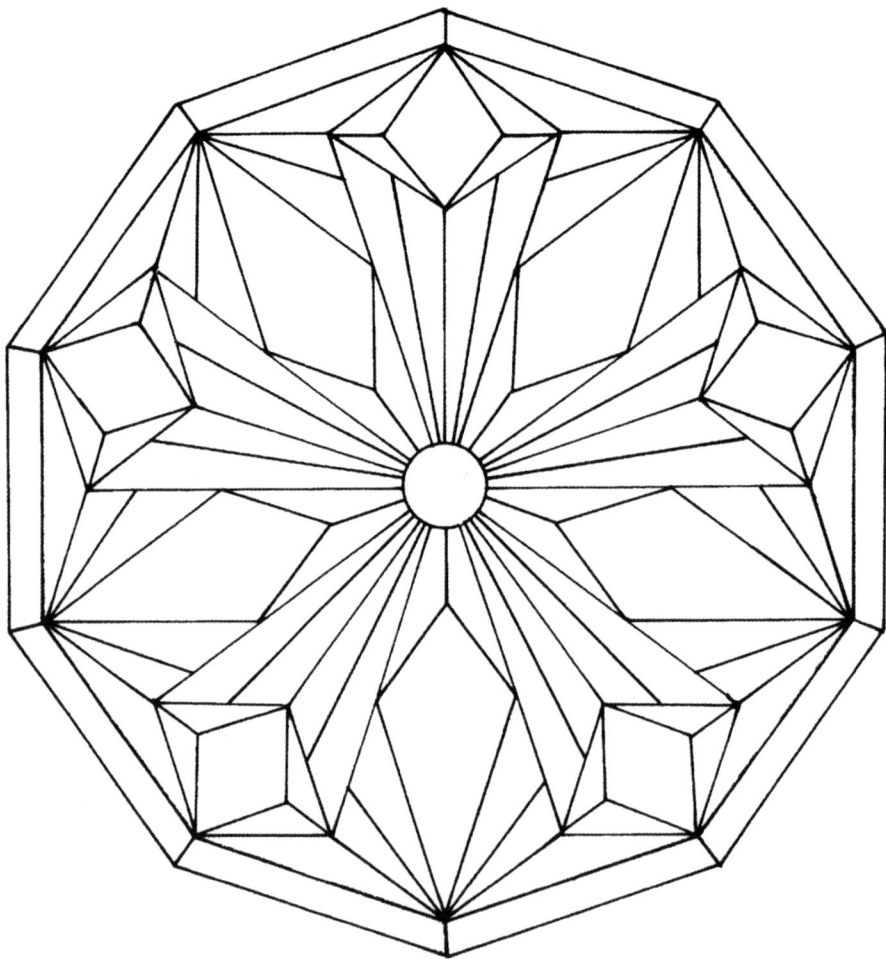

神奇的曼陀罗

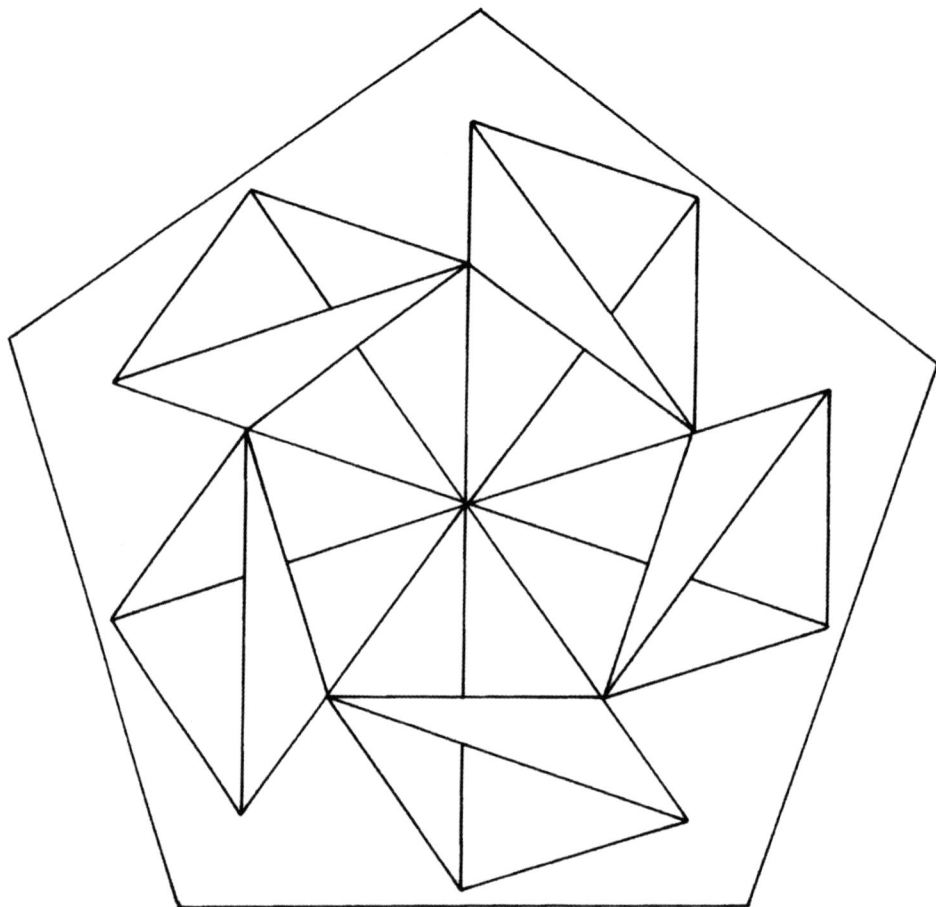

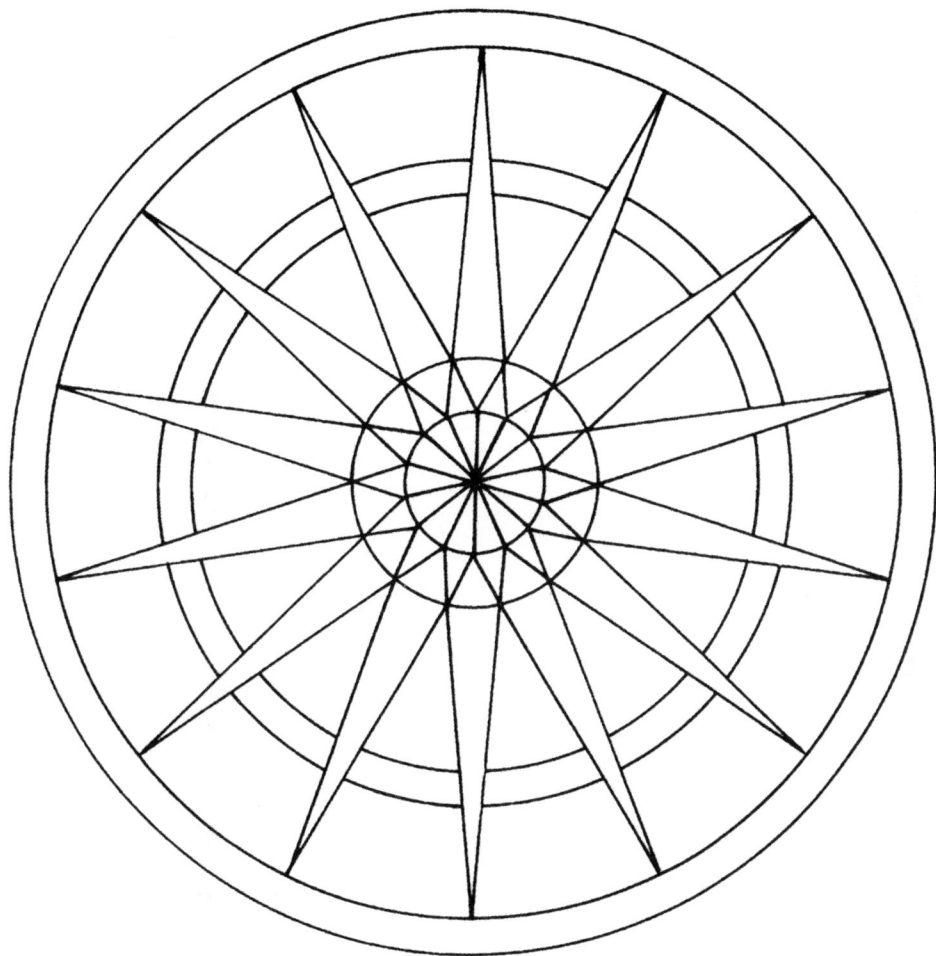

©MARTHA BARTFELD MAGIC MANDALA

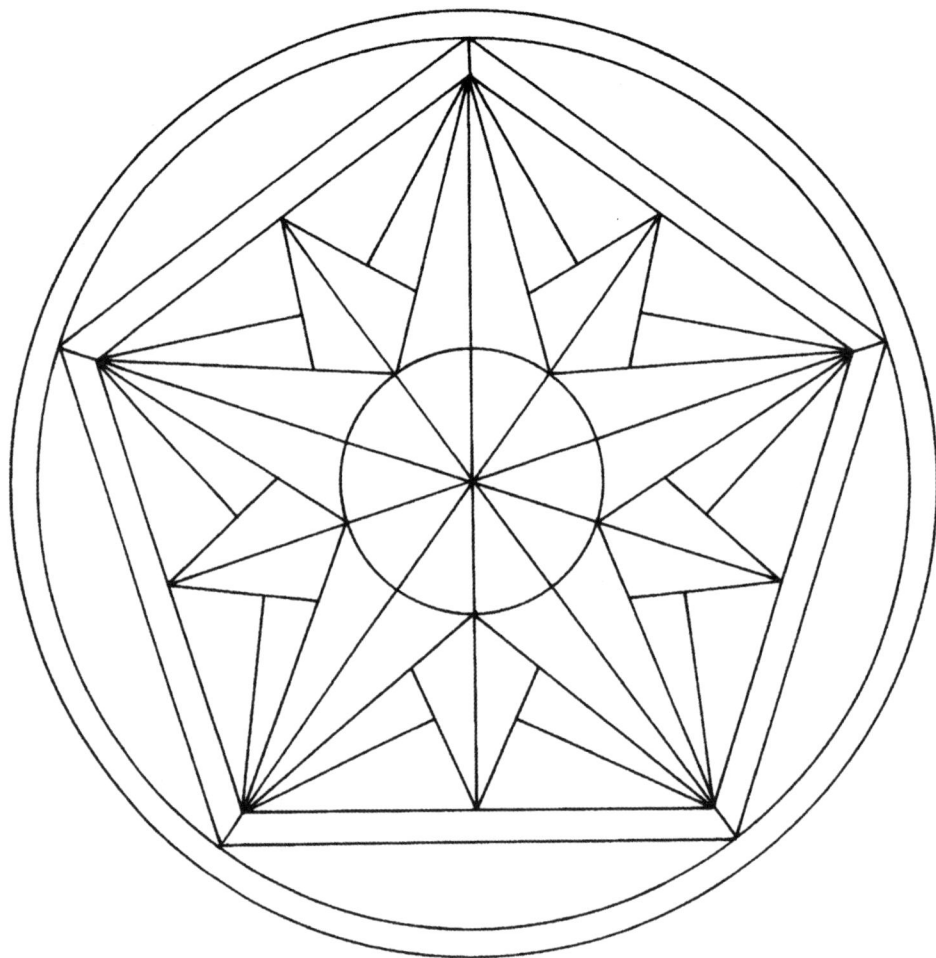

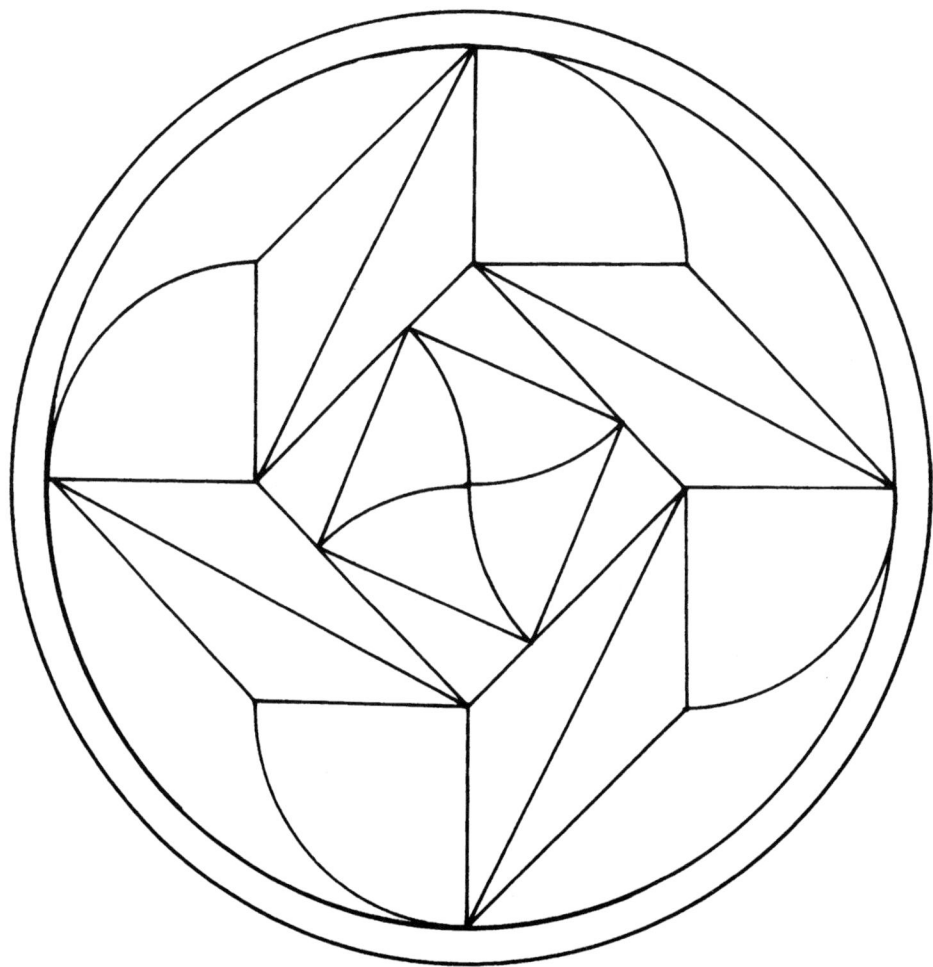

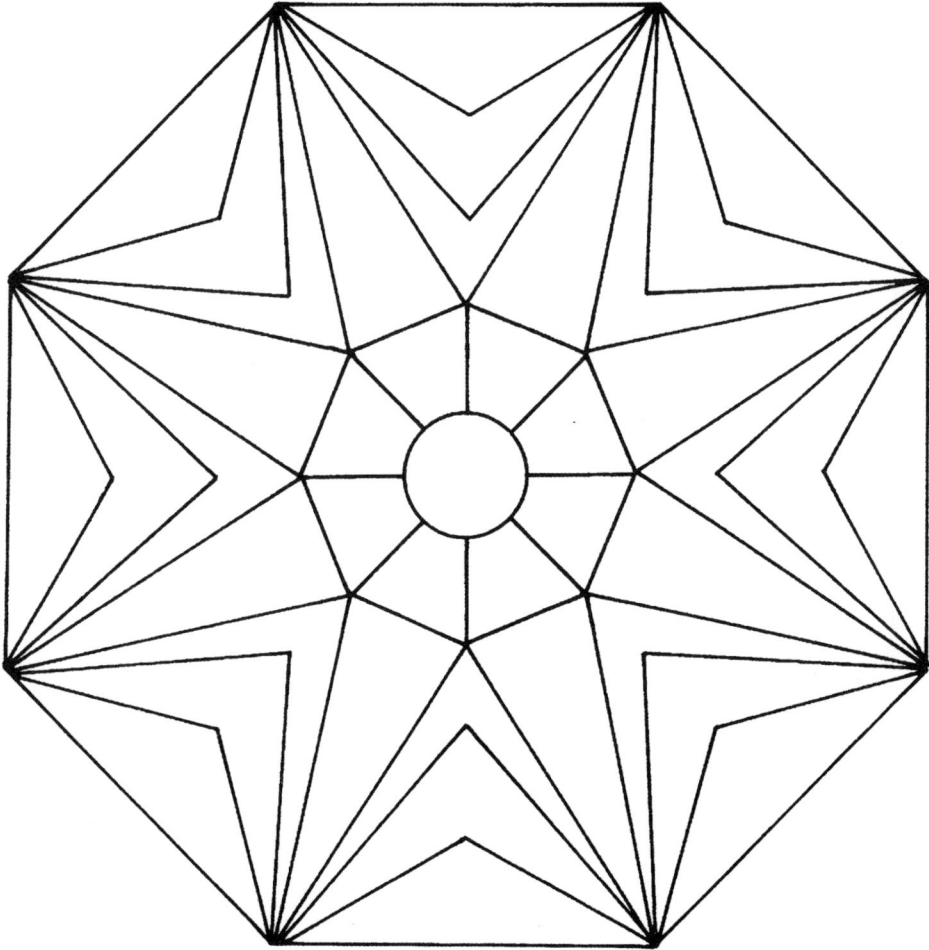

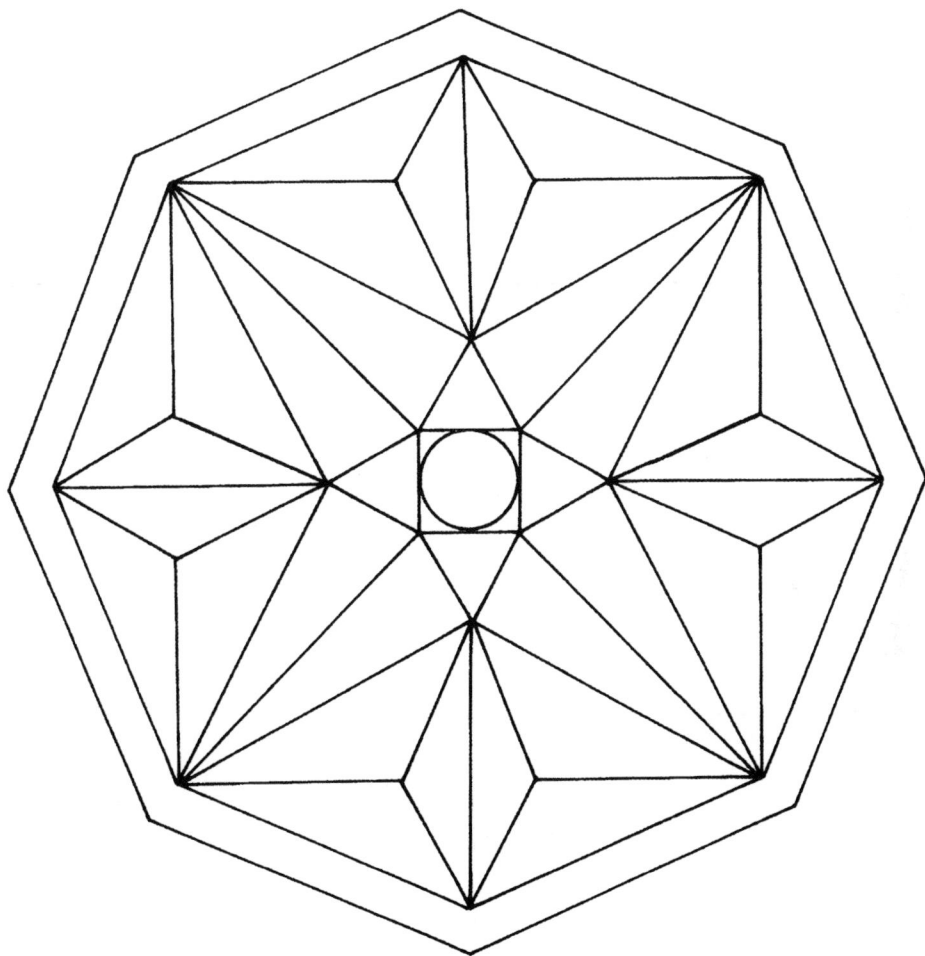

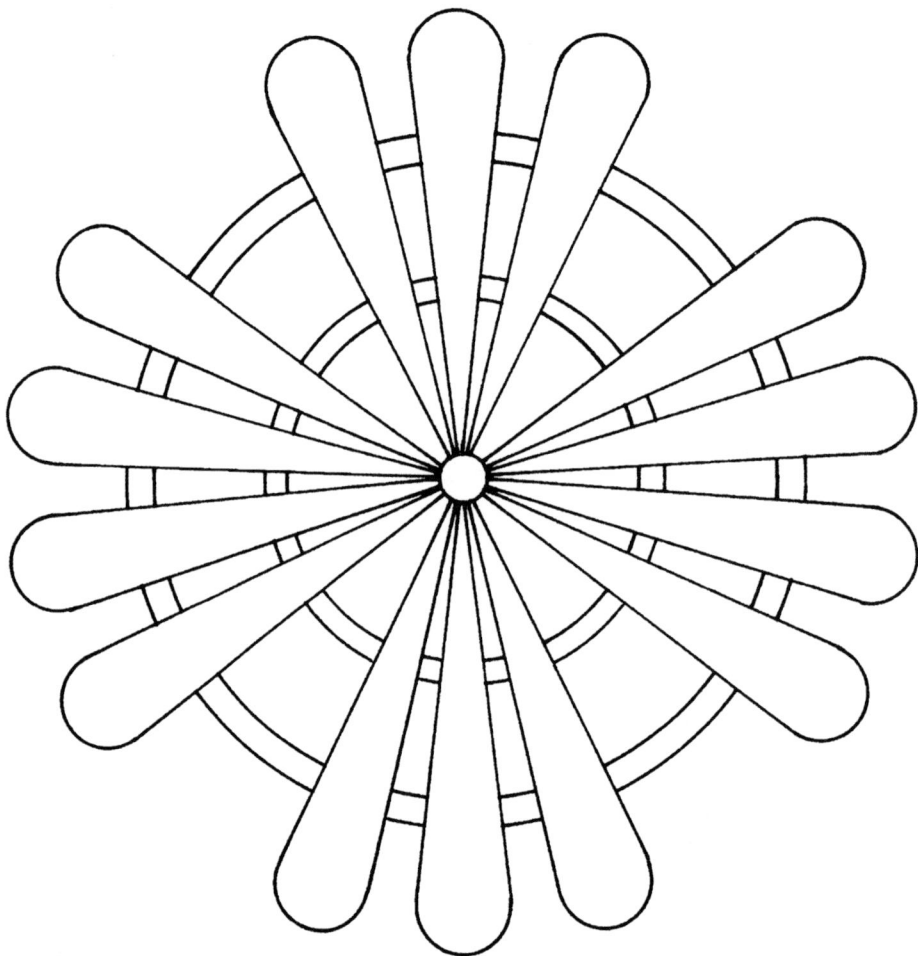

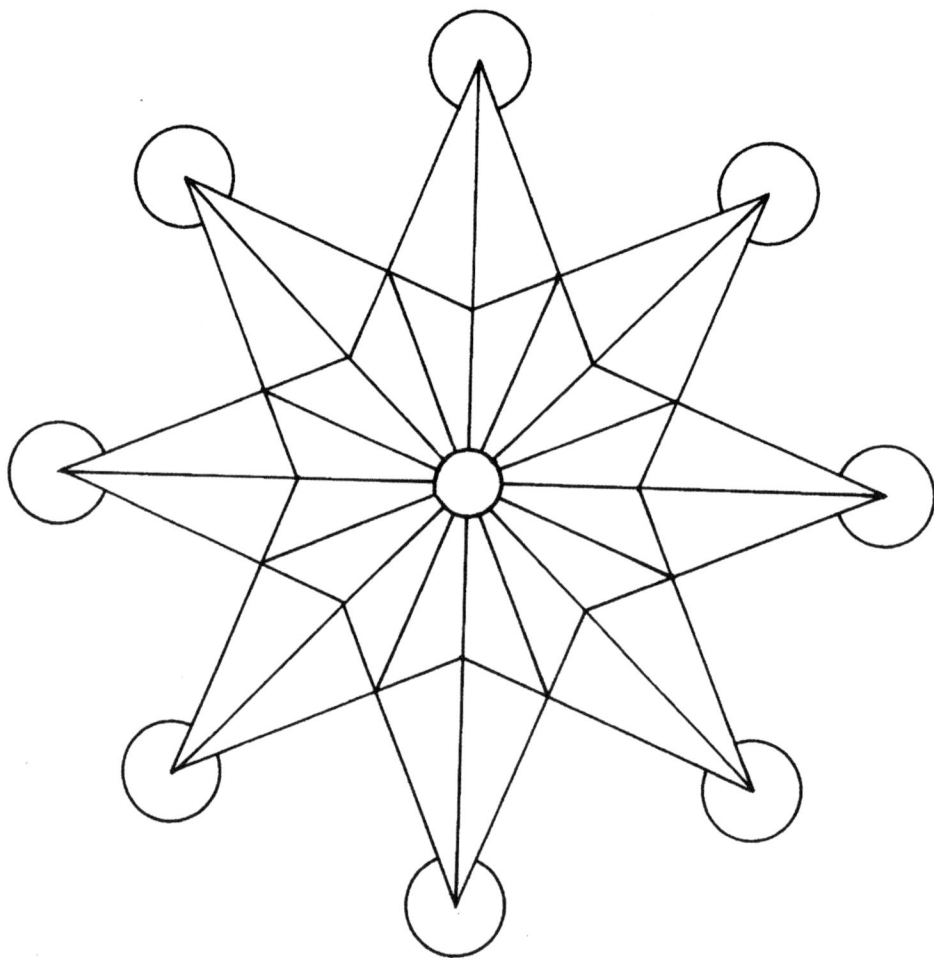

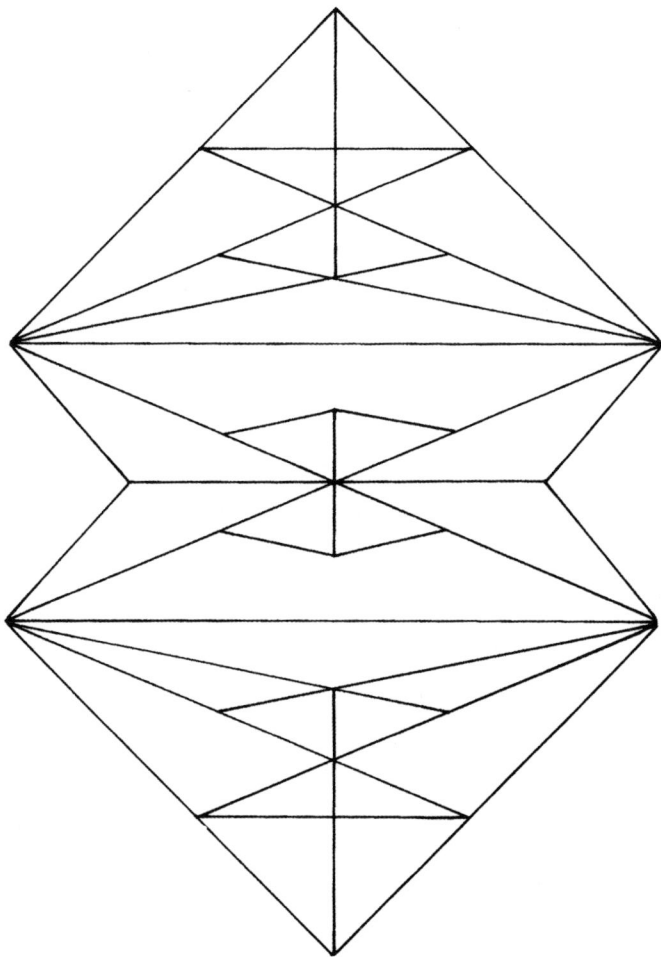

神奇的曼陀罗

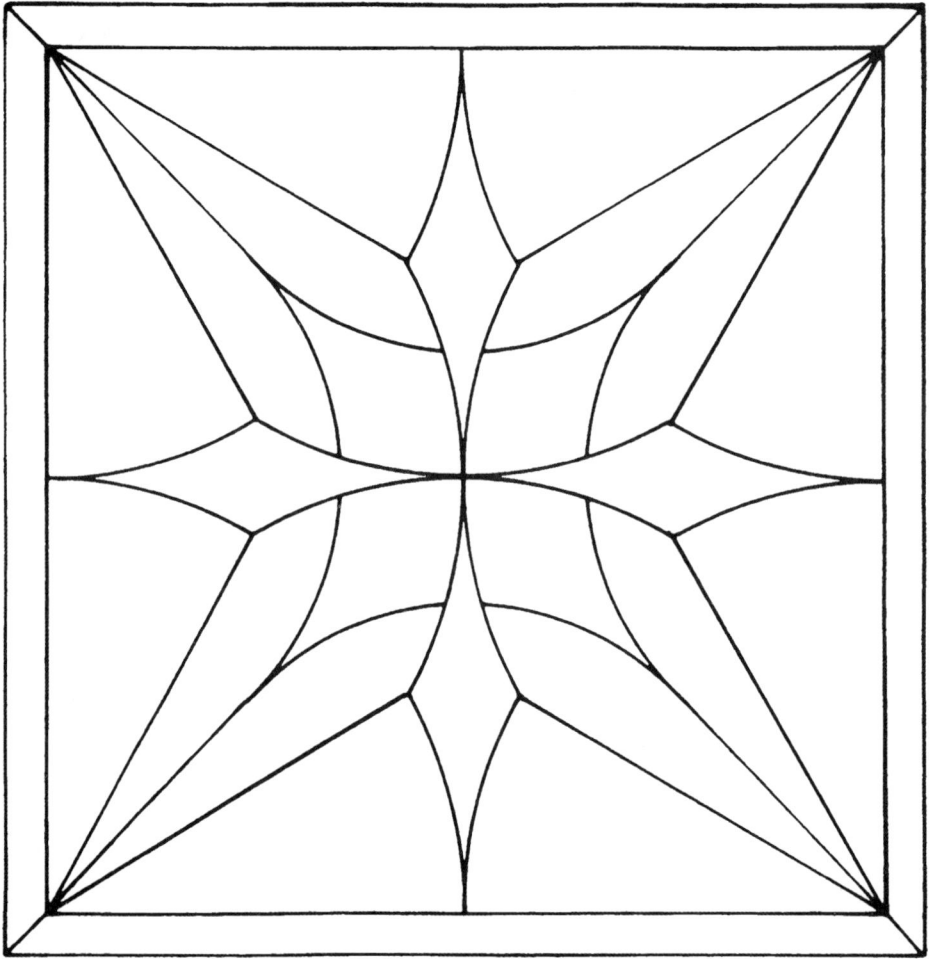

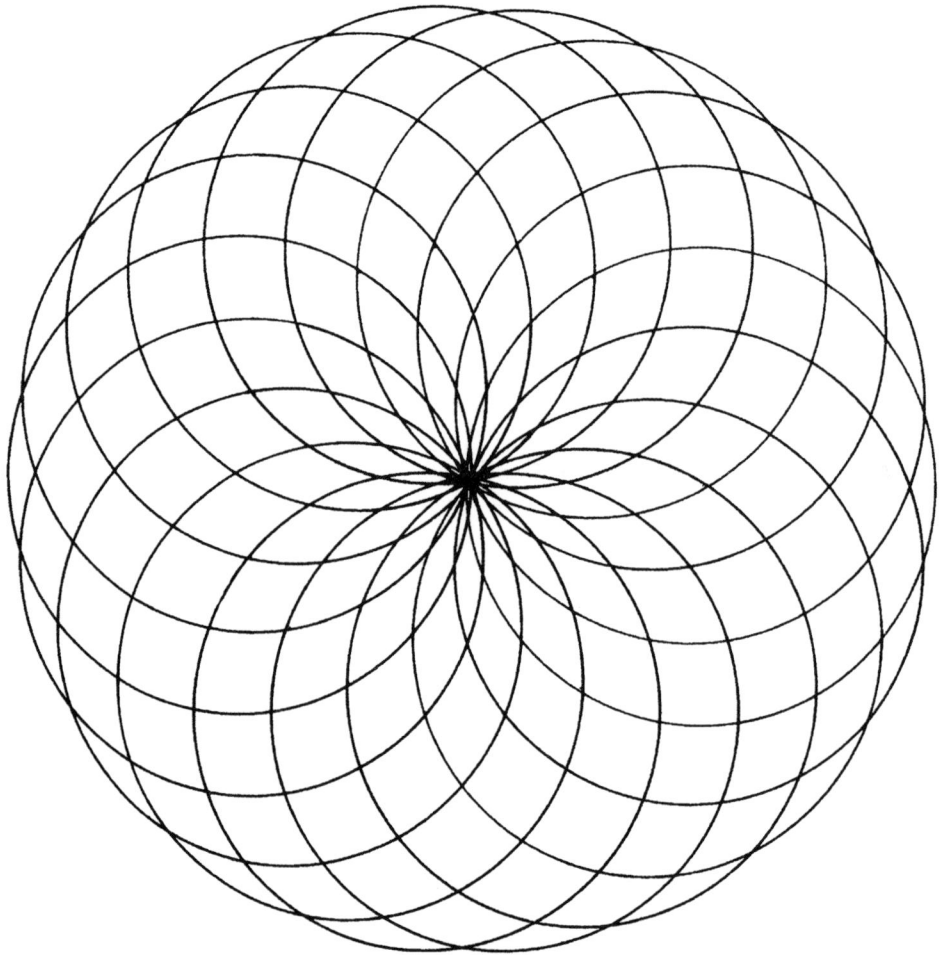

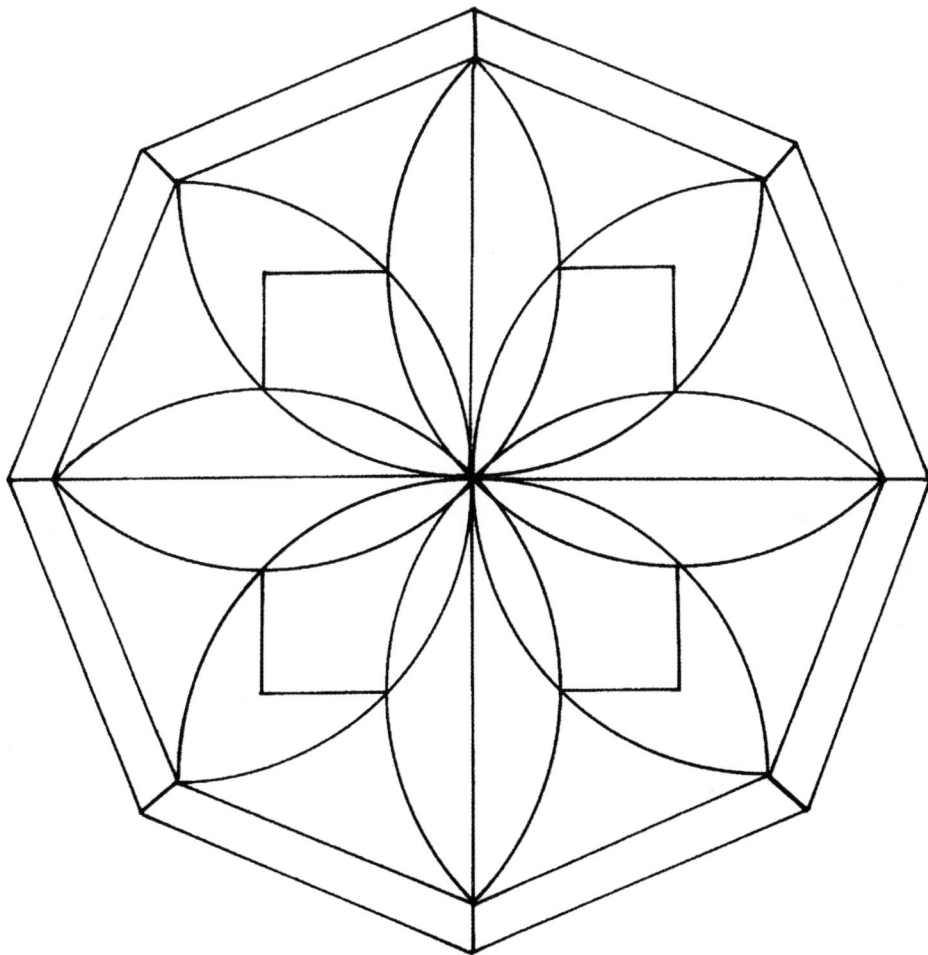

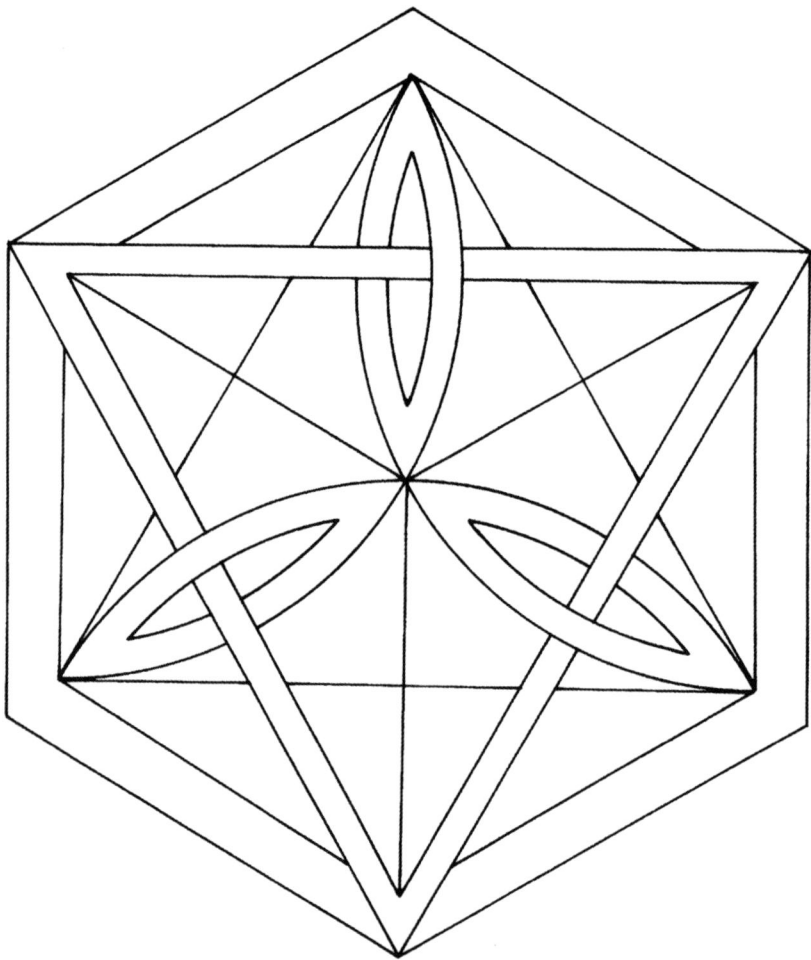

神奇的曼陀罗

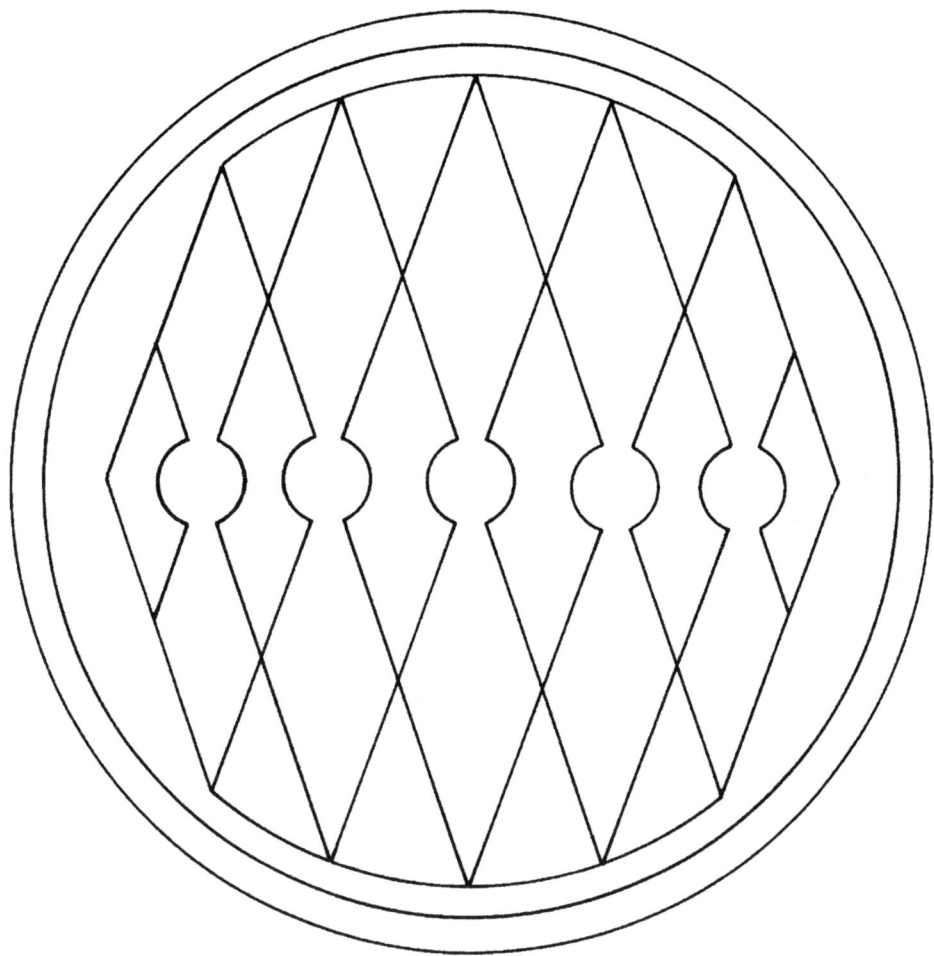

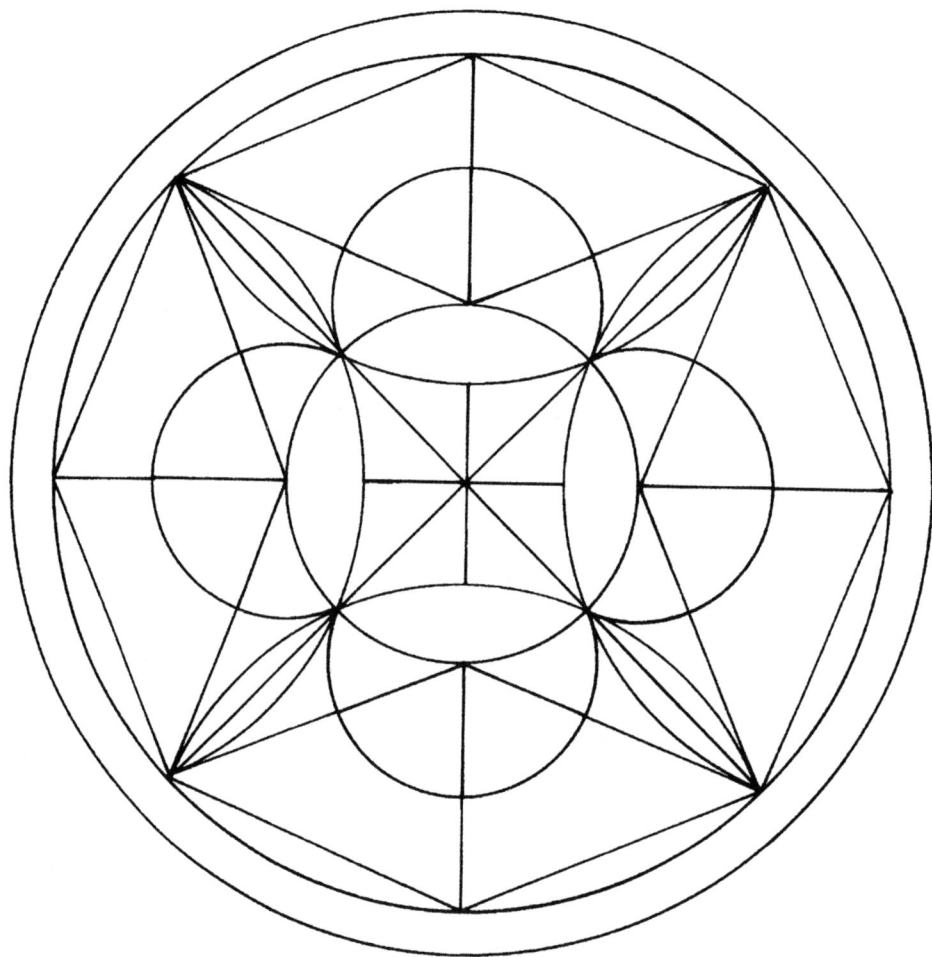

Magic Mandala Coloring Book

图书在版编目（CIP）数据

神奇的曼陀罗/（美）巴特菲德绘.
—北京：北京联合出版公司，2013.1（2024.8重印）
ISBN 978-7-5502-1349-4

I.①神… II.①巴… III.①压抑（心理学）–图集
IV.①B842.6-64

中国版本图书馆CIP数据核字（2013）第016984号

北京版权局著作权合同登记 图字：01-2013-0824号

神奇的曼陀罗

作　　者　[美]玛莎·巴特菲德
责任编辑　徐秀琴
项目策划　紫图图书 ZITO®
监　　制　黄　利　万　夏
特约编辑　曹莉丽
营销支持　曹莉丽
装帧设计　紫图装帧

北京联合出版公司出版
（北京市西城区德外大街 83 号楼 9 层　100088）
艺堂印刷（天津）有限公司印刷　新华书店经销
字数 12 千字　787 毫米 ×1092 毫米　1/20　11 印张
2013 年 1 月第 1 版　2024 年 8 月第 16 次印刷
ISBN 978-7-5502-1349-4
定价：69.90 元